スタートアップ芸人

お笑い芸人からニートになった僕が「仲間力」で年商146億円の会社をつくった話

森 武司
FIDIA株式会社
代表取締役CEO

ダイヤモンド社

はじめに

貯金0円、4年間のニート生活でも人生は大逆転できる

貯金ゼロ、高卒、４年間のニート生活。

僕はいわゆる「社会的弱者」だった。

だが、現在は年商１４６億円の企業を経営している（２０２３年6月時点）。

僕は高校卒業後、ＮＳＣ（吉本総合芸能学院）大阪校に18期生として入学し、お笑い芸人として活動していた。

ある若手の大会で決勝まで残ったが、現在も活躍中の野性爆弾に30対0で完敗。そこから4年間、引きこもりニートになってしまった。

その後、高校時代の仲間やＮＳＣ同期の激励で長いトンネルを抜け出し、一念発起して起業した。

まさに金なし、コネなし、学歴なしのスタートアップ。

でも僕には大事なものがあった。それが仲間だ。

最初は幼稚園からの幼なじみ、高校時代の友達やアルバイト仲間と街コン事業を始めた。男女100名ずつ集め、カップリングパーティを企画運営したところ、爆発的にウケた。SNS黎明期にミクシィ（mixi）で30万人が登録する日本最大（当時）のコミュニティだった。

その後、EC通販で常識では考えられないオーガニックのクレンジングクリームをつくるとアマゾン、楽天で飛ぶように売れ、続いてつくったシャンプーとトリートメントはアマゾン年間売上ナンバーワンになった。この頃、社員は70人になっていたが、「森の会社なら入りたい」と仲間が入社し、次に仲間の仲間が入社した。

さらに優秀な仲間との出会いが次々にあり、「人の辞めない」人材派遣、コンサルティング事業、広告事業などに事業の幅を広げてきた。

現在、「FIDIA（以下フィディア）株式会社」は11事業を手がけ、すべて黒字化している（**図表1**）。2005年の創業以来、18年連続増収増益を達成し、年商146億円。Financial Times「アジア太平洋地域急成長企業ランキング 未上場日本一」、「ベストベンチャー100」、経済産業省「地域未来牽引企業」などに選定された。

図表1　多岐にわたるフィディアの全11事業

	社名	業種	代表者	創立	ビジョン	人数(内訳)
フィディアグループ	**フィディア**	**事業持株会社**	**森 武司**	**2005年**	**さあ、ワクワクを創ろう。**	**2507人**
ライフユニット	イルミルド	化粧品・サプリなどD2Cメーカー	西 俊彦	2014年	あなたの世界に、輝きを。	45人
	アーティル	現代アート作品の販売、アートイベント企画・運営	三輪昌徳	2019年	アートで輝かしい平和な未来を	5人
	リージェンジャパン	美容クリニック「グランジョイクリニック」の運営支援	西 俊彦	2020年	美容の力で人生に輝きを。	9人
	リージェンジャパン	パーソナルジム「ライフメイクパーソナル」の運営	南 季範	2022年	結果を一生モノにする。	5人
人材ユニット	エヴァンド	人材事業	石田優太郎	2015年	「人」が輝く、「世界」がかわる。	2378人
	アスファイン	障がい者福祉事業	吉田誠司	2019年	明日を楽しみに出来る社会を創る	19人
	ルヴィアコンサルティング	戦略・組織コンサルティング、HR Tech事業	中川裕貴	2019年	人と組織に灯を	13人
広告ユニット	フィディア	広告事業	菅 良平	2016年	さあ、ワクワクを創ろう。	17人
	フィディア	メディア事業	吉崎和也	2015年	さあ、ワクワクを創ろう。	8人
投資ユニット	フィディア	不動産事業	水上雄一	2020年	さあ、ワクワクを創ろう。	3人
	グローバルフロントインベストメント	ベンチャー企業への投資事業および私募ファンドの募集・運営事業	高橋良巳	2022年	最先端の、その先の輝きへ。	5人

僕は仲間集めに成功し、ここまで事業を拡大することができた。

スタートアップ業界では、「友達と一緒に起業すると絶対失敗するからやめておけ」と言われているが、**大きな間違い**だ。アップルのスティーブ・ジョブズにはスティーブ・ウォズニアックらがいたし、メタのマーク・ザッカーバーグはハーバード大学の友人と創業している。

「仲間力＝仲間をつくる力」が強ければ、どんなビジネスでも成功する。これからの時代、「仲間力」はビジネススキルとして強力な武器となる。

この本では、元芸人社長である僕がどうやって「仲間力」を身につけていったか、**「仲間力アップ㊙マニュアル」**として紹介したい。「仲間力アップ㊙マニュアル」の**6大奥義**を使えば、**社員も顧客も取引先もみんな仲間**になる。

6大奥義とは、**❶仲間を集める、❷仲間を見極める、❸仲間を成長させる、❹仲間との絆を深める、❺顧客を仲間にする、❻取引先を仲間にすること**だ。

第1章は、**仲間とスタートアップし、人生が大きく変わった話**だ。

高卒でNSCに入り、社会人経験もないままニートになって人生をあきらめた。

でも、ある日、号泣しながら仲間からの手紙を読み、復活のスタートをはたした。

第2章では、**仲間の集め方**を紹介する。

徐々に事業が拡大するにつれ、新卒も中途も必要になった。

本当にきてほしい人にきてもらうには、相手の心にワクワクのタネをまき、じっくり水をあげる。

この方法で僕たちは元デロイト トーマツ コンサルティング（以下デロイト）の若手エース、元デロイトの9割打者、ずば抜けたIQを持つ銀行マン、孫正義さんと北尾吉孝さんから絶大な信頼を得た金融マンを仲間にすることができた。仲間を集めるときには、**報酬以上に大切なもの**があるのだ。

第3章は、**仲間の見極め方**だ。

誰しも優秀な人と仕事がしたいと思う。だが、なかなかうまくいかないものだ。

人を見極めるコツは3つある。

「**能力**」「**情熱**」「**人間性**」だ。

この3つをどうやって見極めるか、具体的にお話ししたい。

第4章は、**仲間を成長させる方法**である。

これからの時代、社員一人ひとりが成長を実感することが大切だ。

だが、どの会社の上司も部下も互いに牽制して、言いたいことが言えなくなっている。

どんなに優秀な新卒や中途を採用しても育成で失敗し、「ダイヤの原石」を活かせない会社は多い。

一体どうしたら、「この会社に入ってよかった！」「心底成長できた！」と言ってもらえるか。**上司も部下も自動的に成長するしくみ**を紹介する。

第5章は、**仲間との絆を深めるしくみ**だ。

多くの会社では、現場で実績を上げた一流プレーヤーが管理職になる。

だが、一流プレーヤーが一流マネジャーになるとは限らない。

今こそ、人間の本質に立ち戻る必要がある。大切なのは「**絆**」だ。

仲間との絆が強ければ強いほど、どんな困難でも乗り越えられる。

僕らは徹底的に仲間との絆を深めるしくみを開発した。

ここでは、社員総会や社員旅行などで絆を深める方法から役員同士が仲よくなるしかけ、社員の声で会社がよくなるしくみまで具体的に紹介しよう。

第6章では、**顧客を仲間にする方法**をお伝えする。

実は、仲間は社内だけでなく、「社外」にもいる。

顧客を味方にすることで、アマゾン、楽天などの高評価レビューが増え、低評価レビューが減れば、新規の顧客がどんどん購入する好循環が生まれる。

最後の第7章は、**取引先を仲間にする方法**だ。

ほとんどの企業には存在しないと思うが、僕らは取引先との関係をよくすることに特化した役員が一人いる。彼はコミュニケーションのスペシャリスト「執行役員・CRO（最高リレーションシップ責任者）」として、各企業のキーパーソンと一日2回（平日）会食をしているのだ。

なぜ、そこまでやるのか。そして、なぜ圧倒的な成果を出しているのか。

小さな会社でも、やるかやらないかで圧倒的な差がつく再現性のある方法を紹介したい。

僕は次のような人たちをイメージしながら魂を込めて本書を書いた。

◎夢に破れ、何もかも失った人
◎長年、学歴コンプレックスに悩み続けている人
◎「いつか見てろよ」と大逆転人生を送りたい人
◎純粋に「ガソリン本」を読んで、強烈にモチベートされたい人
◎仲間と起業したいが、まわりから「絶対失敗するからやめておけ」と言われている人
◎化粧品製販の素人が資生堂を抜き、アマゾン年間売上1位になった秘密を知りたい人
◎人生100年時代、「仲間力」を身につけ、定年後から新たな道に踏み出したい人
◎若い人のマネジメントに悩み、解決策を探している人
◎スタートアップ業界に興味がある人
◎人材不足で優秀な人を採りたいが、なかなかうまくいかない人
◎「絶対無理」と言われる「超・格上の人」をヘッドハントしたい人
◎せっかく「ダイヤの原石」を採用したのに、すぐ辞められてしまう会社の人

◎新卒、中途の育成方針が定まらず、ＯＪＴという名の放置プレーが続いている人
◎家族に仕事への理解が得られず、仕事と家庭円満の両立ができていない人
◎少しでも社内の結束力を高めたい人
◎社員も顧客も取引先もみんな仲間にしてどんどん業績を上げたい人

どれか一つでも当てはまったら読んでみてほしい。

今は暗闇でも、必ず光明が見えてくるはずだ。

この本は僕の初の著書だ。

僕らは今、本気で1兆円企業を目指しているが、ここまで会社を「仲間力」で成長させてきた秘密をこの本にすべて出し尽くすつもりだ。

出し惜しみは一切ない。

ぜひ楽しみにしておいてほしい。


FIDIA（フィディア）株式会社　代表取締役CEO　森　武司

目次

スタートアップ芸人

お笑い芸人からニートになった僕が「仲間力」で年商146億円の会社をつくった話

第2章 タネと水で仲間を集める

第3章 仲間を見極める

第4章 仲間を成長させる

第5章 仲間との絆を深めるしくみ

第6章　顧客を仲間にする

第7章 取引先を仲間にする

第1章

芸人クビの引きこもりニート、会社をつくる

1　吉本芸人、引きこもりニートになる

引きこもり時代はシンプルに「暇」だった

ボサボサの髪は胸まで伸びていた。

自分の姿を鏡で見るたび、「俺は何をやっているんだ」と思ったが、正直、何かする気力もなかった。

引きこもり時代はシンプルに暇だった。

親が取っている新聞を毎日全ページ読んだ。折込チラシも見た。

暇な時間は寝ていたが、寝すぎて頭が痛くなることもあった。

夕刊が届いたらまた読んだ。そのうちに政治・経済に詳しくなった。

新聞以外ではマンガを読んだ。僕はマンガを集めるのが趣味で、自宅に約2万冊あった。特に手塚治虫、藤子不二雄、梶原一騎の初版本を集め、芸人時代の終わり頃、軽自動車で全国を回り、プレミア本を収集していた。

全巻そろえようにも、ある巻だけ手に入らないことがあった。するとと僕は抜けている巻のメモを持ちながら本屋さんを訪ね歩いた。気がつくと、プレミア本を山ほど所有していた。

お宝コミックの頂点には、常に手塚治虫と藤子不二雄が君臨していた。引きこもり時代は、これをちょこちょこ売って月に3万円ほど稼いだ。

もう一つの収入源はファミコンソフトだった。

当時は、発売日に激安で売られることがあった。定価5000円のソフトが「目玉商品」として980円で売られていたのだ。折込チラシで情報を見つけると、朝5時頃から店頭に並んで購入し、転売して4000円の差額を手にした。

引きこもりニートといっても遊びに誘ってくれる仲間はいた。

僕はニートになる前はお笑い芸人だった。

その頃は、芸人同士がライバル意識をむき出しにしていて、あまり仲よくなかった。

NSC18期も基本そうだった。

同期には現在も芸人として活躍しているファミリーレストラン、映画監督になったムラヤマ・J・サーシ（映画『ガチャコン!』『ガチャコン!2』等）、阪神タイガース＋お笑いYouTuberのマナブ18号らがいた。

たむけんさんに18期のエースといわれたコンビ

ただ、僕のまわりはちょっと変わっていた。

高校の同級生4人がNSC同期にいたのである。

高校の文化祭のお笑いコンテストに出場して1、2、3位になったコンビが仲よくなり、そのうちの4人が「俺らだったらいける！」とアホなノリでNSCのオーディションを受けた。

当時のNSCオーディションは年2回。文化祭が終わってすぐに16期のオーディションを受けた。受かったら高校をやめてNSCに行こうと考えた。

だが、2人は受かったが2人は落ちた。

「4人一緒に」という想いが強かった僕らはオーディションを受け続け、次の17期もダメだったが、1996年の後期に18期生として全員合格した。

文化祭の1位は僕と市川真也《いちかわしんや》、2位が網野光明《あみのみつあき》のコンビ、3位が西俊彦《にしとしひこ》のコンビだった。

吉本では、僕は新たなコンビを組み、市川は網野とコンビを組み、西はピン芸人だった。

彼らが仲間として僕を支え続けてくれた。

僕は「プルジジェリ」というコンビ名で活動していた。

同期の中では事務所から期待され、ラジオ番組には同期最速で出演した。

今でもたむらけんじさん（以下たむけんさん）は「18期で一番のエースはおまえらや」と言ってくれる。

野性爆弾に30対0！　真っ赤に染まった観客席の衝撃弾

2000年、僕の芸人人生に終止符を打つ事件が起きた。

僕のコンビは吉本若手の大会で決勝戦まで進んでいた。

ＮＳＣ13期から20期が出場したトーナメントで、僕は準決勝で勝ったとき、「優勝できる」と思った。決勝まで一番いいネタを温存できていたからだ。

普段はライバル心をぎらつかせている同期全員が「勝てよ」と声をかけてくれた。

対戦相手は現在も大活躍中の野性爆弾。

両組のネタが終わり、すぐ審査に入った。お客さんが赤青の両面のボードを持ち、「野性爆弾がいい」と思ったら赤を、「プルジェリがいい」と思ったら青を舞台に向ける。

結果は、観客席が真っ赤に染まった。

僕はこのときの光景を今でもときどき思い出す。

一番自信のあるネタを完璧にやって30対0の完敗。

何もかも終わったと思い、潔く芸人を引退した。

「このクズ野郎、いつになったら働くねん、ボケ」

その後、西、市川、網野はよく僕のうちにきて、「いつ復帰するんだ？」と声をかけてくれた。はじめの半年くらいは「そのうち復帰しようと思っている」と言っていたが、実際には無理だと思っていた。

まったくネタが書けなくなったのだ。いや実際には書こうとしたが、真っ赤に染まった観客席が頭に浮かんで心が折れた。

西は「この経験は悪い出来事やない。むしろスターになるための階段やろ」と言ったが、僕は「今は無理や」としか言えなかった。

仲間はやさしかったが、それ以外の人と向かい合うと、強い不安や精神的な緊張に襲われた。

マンガやファミコンソフトの売買程度ならなんとかなったが、美容師と話をするのも怖く、髪が切れなかった。

まだネットがそれほど普及していない時代だったので、本を取り寄せたくても書店員に話しかけることすらできず、西に頼んだ。西たちは時折、僕を連れ出してくれた。釣りに行ったり、海に行ったり、夜景を見に行ったり。

そのうちに年月がすぎ、髪ばかり長くなった。

西たちは最初の1、2年は芸人としての復帰を待ち続けてくれたが、次第に社会人とし

て働くことを勧めるようになった。やさしい言葉をかけてくれることもあれば、

「このクズ野郎、いつになったら働くねん、ボケ」

と怒鳴ることもあった。

その頃には西も市川も網野も芸人を辞め、別の仕事をしていた。

「おまえは恵まれているなあ」という父の言葉

僕が引きこもり始めても、両親は何も責めなかった。

母は「別に引きこもりでもかまへん。ただごはんだけは一緒に食べよう」と言った。

父は「おまえは天才やから、いつか大物になる」と繰り返した。

父は子どもの頃から「俺はおまえの才気にほれている」と言ってくれ、8軒ほどの小さな塾だが、模試で数学1位になったときは「数学ができるヤツが結局一番賢い」とほめてくれた。

もう一つ、父が注目していたのが僕の「**仲間力**」だった。

「おまえのところには人が集まってくる。どこへ行っても自然とリーダーになる」

確かに僕のまわりには自然と人が集まっていたので、「森軍団」と呼ばれていた。

「吉本に行こう」と僕が言うと、「俺も行く」と3人が集まってくれた。

父は宮大工の息子だった。祖父が宮大工の棟梁で全国各地の寺院を建てたり改修したりしていたので、父は祖父について飛び回っていた。半年、1年ごとに別の現場に移動したため、父には友達がいなかった。

だから西たちが家にくるたび、「こんな状況なのに頻繁に友達が遊びにきてくれて、いろんなところに連れ回してくれるなんておまえは恵まれているなあ」と言っていた。

運命を変えたNSC18期生からの手紙

引きこもりを始めて4年目の2004年。この夏、記録的な猛暑日が続き、35度以上の酷暑日が大阪で14日もあった。

僕はTシャツに半ズボン姿でベッドに寝転び、ロン毛の自分を鏡で見ては「もうダメや」と思っていた。そんなとき、

「これ読め！」

と西が手紙の束をポンと床に置いた。

「なにこれ？」

「とにかく読め。今日はこれだけ置いていくから。絶対読めよ。それ以上は何も言わん」

市川、網野も口々にそう言った。

僕は何度も説得されるのがうっとうしくなっていた。

「もうええって。わかったから帰ってくれ」

夜になってようやく僕は手紙を開けた。

それはNSC同期からの手紙だった。

「あのネタ、最高やったな」

「野性爆弾との対決、ベストバウトやったで」

一人ひとりの顔と声がはっきり浮かんだ。

決勝のステージで僕が心折れた瞬間を見守ってくれていたヤツらだ。

「復活してくれ」

「おまえは大天才」

「おまえが俺たちのナンバーワンなんや」

芸人は普段、真面目なことを言わないし、「おまえが一番おもろい」なんて口が裂けても言いたくない。

そんなヤツらが本気で僕を励ましてくれた。

僕は泣いた。

それまでの人生で一番泣いた。

汗と涙と鼻水でぐしゃぐしゃになりながら手紙を読んだ。

「普段、絶対こんなこと言わへんヤツなのに」

「無精者のあいつが便箋３枚も書いてくれたんか」

僕はハッとした。

「この手紙、どうやって集めたんや？」

西、市川、網野たちが同期に連絡を取ってくれたのだ。

芸人を辞め、連絡が取れなくなっているヤツもいたはずだ。

そのうえで、あの日以来４年間引きこもりニートという僕の状況を説明し、「マジな手紙を書いてくれ」と頼んでくれたのだろう。

「あいつら、ほんまに」

泣きながら手紙を読むうち、不思議な感情が湧き上がってきた。

「人生変えるなら今や。復活できるとしたら今しかない」

パチンとスイッチが入った気がした。

2　疾風怒濤のヤマダデンキ

入社2か月目に売上全国1位

翌朝すぐ美容室へ行き、胸まで伸びた髪をバッサリ切った。

その姿を鏡で見ると、力が湧いた。時間が巻き戻される感覚があった。「まだ間に合う」と気持ちが切り替わった。

求人募集のチラシを見ると、ヤマダデンキ（当時はヤマダ電機）が販売員を募集していた。僕は履歴書を書き、成人式のスーツを着て京都八幡店（現・テックランド京都八幡店）に行った。

店長は、「4年間も引きこもりだったのに、髪を切って面接にきてくれたのか。すごい縁だ。吉本芸人だったらトーク力もありそう。売上に貢献してくれ」と数多くの応募者の中から僕を選んでくれた。

僕はパソコン売場に配属された。

僕は張り切った。

同僚の店員はパソコンを売るのに一人ひとり接客していたが、僕は「みなさん、見ていってやー！」と20人くらいを同時に接客。劇場でお客さんに向かって話すような感覚だった。

「このパソコンはすごい！　レンタルした多くのCDをたった一枚のCD－Rにコピーできるんです。もちろん合法。CDのレンタル料が100円だから、10枚借りても1000円。1000円とCD－R代だけでCD10枚分のお気に入りの音楽が聞けるんです」

どんどん人が集まり、笑ってくれるのが楽しかった。

一回の接客で3、4台売れたこともある。

当時の店長だった松田さんは、『バナナのたたき売り』みたいでええな。このペースを1か月続けられれば全国1位になれる」と言った。

「全国1位」は、僕のモチベーションをさらに上げた。

2か月目にはパソコン売上台数が全国1位。3か月目も1位となり、4か月目からは店長会議に入れてもらえるようになった。

すさまじいヤマダ式「スクラップ・アンド・ビルド」

当時は創業者の山田昇さんが社長だった。

山田社長は高校卒業後、上京してアルバイトをしながらカラーテレビの技術を学び、日本ビクターを経て、１９８３年に株式会社ヤマダ電機を設立した。

全国に店舗を拡大させ、２００２年に家電量販店国内最大手に、２００５年には専門量販店としては日本初の売上１兆円を突破。僕がいたのはまさにその絶頂期だった。

山田社長の各店長への言葉の力がすさまじく、僕は初めて「本当に仕事のできる人」に会った気がした。

一番印象に残っているのは、「**スクラップ・アンド・ビルド**」という言葉だ。

とにかく全国に出店し、10店舗つくって6店舗が黒字、4店舗が赤字なら、差し引き2店舗が黒字という考え方。それならば赤字の4店舗をつぶし、黒字の6店舗を残す。多くの経営者は赤字の4店舗をなんとか黒字化しようとするが、「それは時間の無駄」と断言していた。

「1000万円の黒字を出している会社を1・5倍にすれば1500万円になる。でも、1000万円の赤字店舗で1・5倍頑張っても、せいぜい500万円の赤字になるだけで、黒字化するまでの費用対効果が悪い。

私が選んだ実力のある店長でも黒字化できないのは、立地が悪いか、周辺住民に店がマッチしていないかのどちらか。

だから黒字店舗に精力を注ぎ、赤字店舗はおもいきってつぶす！」

その迫力はすさまじかった。実際、ものすごい勢いで出店していた。

1店舗出せば月に約1000万円儲かると、とにかく出店する。

営業利益は出店費用に回し、大型店舗を毎月4、5店ペースでオープンした。

僕は素人ながら「この人、大丈夫か」と思ったが、絶頂期のヤマダデンキをライブで体感できたのは後々大きかった。

現在、僕らの会社が11事業で年商146億円を上げるまでの歴史を振り返ると、確実に山田社長の影響を受けている。

僕は生涯をかけて一事業をつくるのではなく、いくつもの事業をつくって、うまくいっていないものをつぶせば黒字の会社が残ると考えてやってきた。

化粧品、人材、広告、美容、アート、YouTube事業など、一見すると関連性のない新規事業を次々立ち上げられたのは、やってみたい事業はすぐ始め、1年経って赤字だったら撤退すればいいという、「スクラップ・アンド・ビルド方式」でやってきたからだ。

小さな店舗「京都八幡の奇跡」

パソコン売上台数が全国1位になったのをきっかけに、僕は同僚に接客術を教えることになった。

全員が一度に3、4人相手に接客できるようになると、店舗の売上が急上昇していった。入社7か月目、僕がいた京都八幡店は小さな店舗ながらも、巨大な池袋店、新宿店を抜いて、**店舗売上全国1位**に輝いた。それは社内で「**京都八幡の奇跡**」と言われた。

店長賞50万円が贈られた松田さんは「25万円を森に渡す」と言ってくれたが、全員の頑張りなのに僕だけお金をもらうのは気が引けた。

「せっかくですから、仲間で思い出をつくりましょう」と提案すると、松田さんは従業員25人全員を一人2万円の高級中華に連れていってくれた。

みんなで大いに飲んで食べて笑った。食べすぎて支払額が50万円を超え、5万円くらい足が出た。松田さんは「もうええわ。今日は祭りや」と大笑いしていた。

希望のタネが発芽したショッキングピンクの本

そのとき、僕は「やりきった」と思った。

ヤマダデンキで店長になりたいとか、役員になりたいという気持ちもあったが、それ以上に「自分で起業したい」という思いが膨らんでいた。

引きこもりニート中に書店をふらふらしているとき、ショッキングピンクの装丁に一瞬でつかまれ、思わず手に取ってしまった。

神田昌典著『あなたの会社が90日で儲かる！』（フォレスト出版、1999年）が、めちゃくちゃ面白かった。

本のテーマは、「いかに商品の存在を知らせるか」で、ド派手な装丁やタイトルのつけ方にも納得した。

続編の『もっとあなたの会社が90日で儲かる！』（２０００年）もすぐに読んだ。

この2冊はとても勉強になり、今でも僕らのマーケティングの基礎になっている。

たとえば、売れるコピーの7つの要素（**キャッチコピー、製品紹介、ベネフィット、権威性、お客様の声、デッドライン、コール トゥ アクション〈CTA：行動喚起〉**）は必須の確認事項だ。

神田さんの本によって僕の中に「いつか起業したい」という**ワクワクのタネ**がまかれた。それがヤマダデンキでの経験で水を与えられ、いつのまにか発芽していた。

松田さんに「辞めて起業したい」と話すと食事に連れていってくれた。

「俺はヤマダデンキの成長性にほれている。いつか社長をやりたいくらいの気持ちで会社にかけているが、森には俺の右腕として一緒に駆け上がってもらいたい。どうや」

「それ、もっと早く言ってほしかったですわ」

僕は松田さんを慕っていたし、尊敬していた。なにより僕の力を信じ、開花させてくれた恩人だ。

「2か月前だったら、その夢に乗っていたと思います。でも、僕は自分でやってみたくなりました。僕の夢に仲間が集まってくれています。そいつらと会社やりたいんです」

「そうか、いい夢だな。おまえだったらいけると思う」と送り出してくれた。

あの日、松田さんが僕を採用してくれてなかったら、今の僕もフィディアもなかっただろう。松田さんは僕が社会に出て最初の師匠であり恩人だった。

3　わくわくエッサで起業スタート

街コン事業で30万人超登録！　日本最大のコミュニティに

ヤマダデンキで仕事をするうち、僕は心身ともに回復していた。

仕事をしながら、神田さんの数々の書籍で学び、事業計画書を書いた。

西たちに見せると、「事業計画書」という文字を見るだけでテンションが上がっていた。

いろいろなマーケティングの本を読むうちに、**売上を上げる３つの鉄則**に気づいた。

それは「**お客様をたくさん呼んでくる**」「**きた人にできるだけ購入してもらう**」「**お客様に繰り返し買ってもらう**」。

後はそれぞれの具体的なアイデアを１００個出し、一番効果的なものを実践するだけだ。

2005年9月12日、ついに僕たちは「わくわくエッサ有限会社」を立ち上げ、街コン事業をスタートした。

男女100名ずつ集め、カップリングパーティを企画運営したのだ。

当時、街コンの多くは会議室などで開かれ、冷めた料理を紙皿で出すのが主流で、正直まったくおしゃれではなかった。

そこで大阪・梅田で一番おしゃれなレストランを貸し切り、カップリングパーティを開催。20歳以上限定、コース料理にフリードリンクつきとした。

レストランの店主に「単価2500円でやりたい」と相談すると、「200人集客すればやれる」と言われた。参加費は女性2000円、男性6000円とした。

これが爆発的にウケた。

SNS黎明期にミクシィ（mixi）で30万人超が登録するモンスターコミュニティへと成長。

当時、日本最大だった。

ヤマダのネットワークでEC通販へ

２００７年からはヤマダデンキとのネットワークを活かし、ＥＣ通販事業を始めた。新しい家電が発売されると旧型の置き場がなくなる。そこで見切り品を安く売ってもらい、アマゾン、楽天、ヤフーオークションで新古品として販売した。

今でいう「せどり」だが、当時はまだそんな言葉すらなかった。

事業が波に乗ると、ヤマダデンキだけでなくヨドバシカメラやコジマなどからも見切り品を売ってもらい、さらには問屋からも仕入れるようになった。

事業は急成長し、３年後には年商10億円に達した。

さっそく恩のあるヤマダデンキに報告に行くと、あまりいい顔はされなかった。

「うちのネット通販を圧迫するレベルになっている」

そのとき、ヤマダデンキは独自のオンラインサイト「ヤマダモール」を持っていたが、アマゾンや楽天では売っていなかった。

当時はまだまだリアル店舗での販売がメインで、ヤマダモールの売上は順調とはいえなかった。つまり僕らの売上はヤマダモールの売上と比較しても黙認できないレベルになっていた。

「僕らが家電を売っていたら迷惑ですかね」

「迷惑じゃないけどライバルだな」

このままでは気まずい。そこで新規事業を模索することにした。

化粧品が通販に強い3つの理由

3年間の経験で僕らも少しずつEC通販のツボがわかってきた。

家電の通販にはボトルネックが2つある。

一つは**倉庫保管料**（倉庫代）、もう一つが**送料**だ。

テレビのような大型製品の在庫を抱えていたら倉庫代がかかるし、発送時には1台5000円程度の送料（当時）がかかる。

儲かっているEC通販会社を100位くらいまで調べてみると、上位はサプリメントと化粧品を扱っていた。

両方とも一個当たりの商品が小さく、倉庫代も送料も安いから粗利益（以下粗利）が出やすい。

ここでもう一つ大切なのが**リピート率**だ。

テレビは一度買ったらほぼ10年は買い換えない。だが、サプリや化粧品なら3か月に一回くらい購入してくれる。

当時、化粧品を自分たちでつくってアマゾン、楽天で売る企業は皆無だった。

でも僕らは3年間、アマゾン、楽天で家電を売り、EC通販のノウハウを蓄積していたのでやれる自信はあった。

たとえば、同じメーカーのデジタルカメラをアマゾンで売る場合、差別化するのは難しい。まったく同じ製品を30くらいの店舗が販売している。価格で勝負すると一時的には売れても長期的には疲弊してしまう。

僕らは価格以外の差別化戦略を徹底的に実行した。

商品画像やキャッチコピーを工夫したり、買ってくれた人にメッセージやクーポンを送って再購入を促したりした。思いつく限りのことをすべてやったから、当時、日本で一番アマゾン、楽天で売るノウハウを持っていたと思う。

そのノウハウを独自商品に使ったらライバルはゼロだ。

「奥さんが喜ぶ本物のオーガニック製品を創る」と燃えた瞬間

街コン事業と家電通販で得た資金を使い、今度は独自の化粧品を開発することにした。

だが僕らは化粧品について何の知識もなかった。だから開発には時間がかかった。

たまたま僕の奥さんはオーガニック（農薬や化学肥料などの化学物質を使わず、自然の力を活かして生産する）に強い関心があり、詳しかった。

僕は奥さんにどんな化粧品がほしいか聞いた。すると、こう答えた。

「効果・効能があって、体に悪いものが入っていないオーガニック製品がほしい。オーガニックとうたっているけど、実は香料が入っていたり、防腐剤が入っていたりと名ばかりのオーガニックが多いので、本物のオーガニック製品を創ってほしい」

この瞬間、「これだ！」と思った。

「奥さんが喜ぶ本物のオーガニック製品を僕が創る」と燃えた。

そこから、化粧品コンサルタントや化粧品のEC通販を行っている会社の社長に相談した。

すると数ある化粧品ジャンルの中で、最も他社商品への乗り換えが起きているのがクレンジングクリームだとわかった。ただ、デビュー戦で売上数字を取りやすいが、乗り換えが多いので長く勝ち続けるのは難しいという。

レビューを徹底分析して開発した第一号製品とは？

では、長く使われるにはどうしたらいいのか。

僕らはクレンジングクリームに関するアマゾンや楽天のレビューを徹底的に分析した。

何千というレビューを読みあさると、クレームの多くは「肌荒れ」と「におい」だった。

肌荒れしないクレンジングクリーム、**においのよい**クレンジングクリームなら長く使ってもらえるかもしれない。それを**オーガニック**でできないか。

当時、オーガニックのクレンジングクリームは皆無だった。

化粧品工場に相談すると、「オーガニックのクレンジングクリームなんて無理」と言われた。だが僕らは粘った。

担当者と相談しながら成分を一つひとつ決め、20回の試作テストを繰り返した。

そして1年半かけ、「オルナ オーガニック」（All Natural Beauty & Organic）というブランドでクレンジングクリームを発売すると、アマゾン、楽天で飛ぶように売れ出した。

これがきっかけとなり、僕らは少しずつお客様の信頼を得ていった。

アマゾン、楽天というチャネルを利用することで広告費も大幅に削減できた。

この秘密については第6章でじっくりお話ししよう。

大激戦区で資生堂の牙城を崩せた秘密

続いて大激戦区のシャンプーとトリートメントを開発することにした。

再びライバル商品に関するアマゾンレビューを徹底的に洗い出し、不満リストを一つひとつつぶしていった。

ライバル商品の「容量が少ない」という声が多ければ、他社が200グラムのところを210グラムに。「ボトルのデザインが悪い」という声が多ければ、ボトルやノズルに予算をかけ、デザインを強化していった。

そして「オルナ オーガニック」のシャンプーとトリートメントが発売された。

当時は資生堂の「ＴＳＵＢＡＫＩ」が大勢の俳優を起用してテレビＣＭを徹底的にやっていた時代だが、僕らの製品は「ＴＳＵＢＡＫＩ」を抜いてアマゾン年間売上ナンバーワンになった。

香料、防腐剤、鉱物油などを一切排除する**徹底した顧客ファースト**にこだわった。

他社のオーガニックブランドには香料が入っているものがあったが、僕らは一切使用しなかった。

あえて「**香料の入っていないオーガニック**」というキャッチコピーを使用し、「あなたが使っているオーガニック製品に香料や防腐剤は入っていませんか」と問いかけた。

すると、多くのファンを増やし、商品レビューは1万件に達した。

アマゾンの営業担当者が「この人たちはモンスター」と沸き立ち、「アイテム数を増やしましょう」と提案してくれた。

その言葉に乗せられた僕らは、１００製品を一気に展開することにした。

ここにチャンスがあると見て、「1年間で１００製品」というありえない目標を掲げ、一気にアクセルを踏み込み、オーガニック、美白、アンチエイジング、ニキビ、メンズの主要ジャンルの製品を100アイテム発売した。

先ほど触れた「スクラップ・アンド・ビルド」の発想で、「当たった製品だけ残そう」と考えていたが、なんと95製品がヒットしてしまった。

現在、EC通販事業は「イルミルド株式会社（以下イルミルド）」が担っているが、同社の取扱製品約250種類のうち、初年度につくった95アイテムが主力のロングセラーになっている。

外れた5つは赤ちゃん向けオーガニック製品（シャンプー、トリートメント、ボディーソープ等）だった。

赤ちゃん向けはベビーソープにニーズが集中し、これ一つで赤ちゃんの顔も髪も洗う。細分化しすぎたとわかり撤退した。

100製品の調査や企画から製造までに要した期間はわずか**9か月**。一人20製品ずつ担当し、たった5人で行った。

まさに神がかった9か月だったが、ずっとワクワク感があふれ出していた。

42年間で初めて見た友の涙の理由

現在、ＥＣ通販事業（イルミルド）は事業規模を拡大。アマゾン、楽天の2大ＥＣモールのほか、オフラインにも販路を拡大している。

飲料分野への新規参入もはたし、２０２６年度には年商１００億円を目指した成長戦略を進めている。

代表は幼稚園から小中高、ＮＳＣまでの幼なじみである西俊彦だ。

西は今や業界でも有名なマーケッターで、ＥＣモールの顧客に最適化した商品開発とマーケティングを統括している。

西が積み重ねたノウハウは第6章で紹介するが、ブランド全体を牽引する「オルナ オーガニックヘアオイル」は楽天の「２０２2年ベストコスメ」の「トリートメント・コンディショナー部門」で年間1位を前年に続き受賞した。アマゾンでは２０２１年の売れ筋ブランド15選に選出された。

アマゾンと楽天の広告に集中的に投資して露出を拡大。両モールにおけるＣＶＲ（購買率）は平均10～30％、リピート率は50％。アマゾンでは「オルナ オーガニックヘアオイル」

のレビュー数が1万件を超え、星4・5の高評価を獲得（2023年11月3日現在）。高評価が新たな購入を生んでいる。

そんな絶好調男の西が2023年7月の社員総会で泣いた。

西と42年間つき合っているが、人前で泣いたところを見たのは初めてだ。

西は2023年、イルミルドのビジョンを「商品の輝きで、世界を照らす。」から「**あなたの世界に、輝きを。**」に変えた。

イルミルドという会社の由来は「イルミネートワールド＝世界に輝きを」だ。

今回のビジョンの変更には、商品が輝いているのではなく、商品を手に取ることでお客様自身の生活が輝くという西の強い想いが込められている。

社員総会では、西が事前に社員にヒアリングした「自分たちの会社をどのようにしていきたいか」というアンケート結果を全員分、読み上げていた。

「イルミルドの商品を愛しています」

「友達にプレゼントしたら、今までで一番嬉しいと喜んでくれた」

「オルナ オーガニックをつくっていることが僕の誇りです」

当初、西は淡々と読み上げていたが、途中から感極まって嗚咽を漏らし、1分くらい言葉にならなかった。会場からもすすり泣く声が聞こえた。西は、

「すばらしい仲間の想いを感じて、ちょっときちゃいました」

と涙をぬぐった。

4 起業の最大の秘訣

起業にリスクがないこれだけの理由

起業は難しいものではない。リスクは少なく、圧倒的にリターンが多い。

「いつか起業したい！　でもできない」という理由の大半は、自分にできるかという不安と、失敗すると大きなダメージを背負ってしまうという誤解だ。

「自分は負け組」と言っている人に手取り月給を聞くと、15万円くらいが多い。

起業に失敗して再就職しても、元の手取り15万円に戻るだけだ。

反対に起業に成功して月の利益が1500万円になったら、100倍のリターンになる。

成功したら100倍のリターン、失敗しても1倍のリターンだから割がいい。

ここに1回1万円で振れるサイコロがあったとしよう。

1～5が出たら1万円戻ってくる。6が出たら100万円もらえる。

こんなサイコロがあったら誰でも振りたいだろう。ほぼリスクゼロだから振らない理由はない。起業とはこのサイコロのようなもので、成功したら100倍のリターンがあり、失敗しても元に戻るだけなのだ。

僕が次々と事業を立ち上げるのはそういう理屈だ。

はじめの街コン事業のときは、失敗しても家電販売員の給料に戻るだけだと考えた。

現在は11事業やっているが、12番目の事業にチャレンジして失敗しても11事業に戻るだけ。だから大したダメージはない。でも、その事業が当たったら、劇的にリターンが増える。

時間とチャレンジするコストはかかるが、生活のベースはそれほど変わらない。

起業は世間で思われているほどリスクが高いものではないのだ。

「いつか」じゃなく「今」やろう

僕は**じっくり考えて始める事業はうまくいかない**と思っている。

半年も1年も頭の中でグルグル考えているより、すぐやったほうがいい。

「起業したい」と言いながら、3年くらい準備したり勉強したりしている人が多い。

よく「カフェをやりたい」という相談を受けるが、その人は保険の営業をしていたりする。

それではあまり意味がない。保険会社で3年すごすより、すぐカフェを開いたほうがいい。少なくとも働く場所はカフェがいい。スターバックスやタリーズなどのチェーン店で半年働いたら、いろいろなノウハウが学べるだろう。独立系の人気カフェなら、驚くような起業の秘密を学べるかもしれない。

本気で起業したいなら、まずアルバイトでもパートでもいいから夢に近いところで働こう。

「会社員なら月25万円くらいもらえるじゃないか」と思うかもしれないが、アルバイトでも相当頑張ったら月15万円くらいもらえるだろう。その差は経験代、勉強代などの自己投資と考えればいい。

極論すれば、起業したいと思ったら明日から準備するといい。練りに練った計画は旬をすぎてしまっていることも多いし、人間の情熱は長くは続かないものだ。

以前、起業したいという人から、分厚い事業計画書を何度も見せられたことがある。「こういう事業をやったら成功すると思うんです」と言うが、「その話、去年も言ってなかったっけ？」というケースがあまりにも多い。

僕は、絶対に失敗したくないと、企画を練り込みすぎるのが好きではない。

頭の中で「ああでもない、こうでもない」と考えるより、実際やってみれば「いけそうや」「ダメやった」「じゃあ次はこうやってみようか」とわかる。

カフェで働いている間に「やっぱり違った」と気づいたら元の道を歩めばいい。

「カフェじゃなくて、本当にやりたかったのはカレー屋だった」ということもあるだろう。

それはそれでいいじゃないか。夢は変わっていくし、気持ちも変わっていく。モチベーションの高いときにチャレンジするのが一番いいのだ。

事業で一番大切なこと

最近つくづく感じるのは、事業で一番大切なのは**誰とやるか**だ。

企業にはヒト、モノ、カネ、情報が必要といわれるが、僕の中では断然**ヒト**。

最初は4人で街コンの会社を始めたが、化粧品のEC通販をやる頃には社員、アルバイトは70人になっていた。「森の会社なら入りたい」と仲間たちが入社し、次に仲間の仲間が入社した。

求人募集はしなかったが、口コミだけで70人になった。

詳細は後ほど触れるが、一緒に働く仲間には**能力、情熱、人間性**が大切だ。

創業時に集まった西、市川は人間性がよかった。心根がやさしいしウソをつかない。

西については、西を悪く言っている人に会ったことがない。

市川は能力も情熱も高く「とにかく森と起業したい」とやる気がみなぎっていた。僕が神田さんの本を読んで「起業したい」と言った瞬間、「そのときは俺を副社長にしてな」と言ってくれた。

街コン事業をやっていた頃のメンバーは、僕、市川とアルバイト時代の友達の計7人。

西は最初、「お手伝い」だった。西はNSCを辞めた後、引越業者で働いていたが、真面目な仕事ぶりで誰からも信頼され、その会社のナンバースリーになっていた。

西は義理堅く、「簡単には辞められない」と休みの日に僕らの手伝いにきてくれていたのだ。

入ったらナンバースリーのポジションを用意することを約束していて、その後に何十人も入社してきたが、全員に「後から西が入ってくる。そのときは西があなたの上司になる」と事前に伝え、納得してもらった。

そして、独自に化粧品開発をしようと考えたとき、その事業計画書を真っ先に西に見せた。

「独自製品をつくってアマゾン、楽天でこれだけの数字をつくってみせる。信じてくれ」

「森、すごい熱量やな」

こうして西はアルバイトで4年、正社員で13年勤務していた引越業者を辞め、ついに入社した。

ナンバースリーのポジションで後から入社したが、みんなが了解していたのですんなりいけた。

「友達と起業してはいけない」は本当か？

「友達と起業してはいけない」という人がいるが本当に不思議だ。

僕は日本特有の迷信だと思う。

グーグル共同創業者であるラリー・ペイジとセルゲイ・ブリンはスタンフォード大学で出会い、コンピュータサイエンスを研究していた。

アップルのスティーブ・ジョブズにはスティーブ・ウォズニアックらがいた。

メタのマーク・ザッカーバーグはハーバード大学の友人と創業している。

みんな仲間と起業しているではないか。

友達と起業してはいけない理由として考えられるのは、厳しさを出せない、決断ができない、能力面で身近な人がベストパートナーとは限らないなどがある。

だが、まったく知らない優秀な人をヘッドハンティングしても組織はうまく回らないものだ。確かに能力は高いだろうが、その人にどのくらい情熱があるのか、人間性がいいのか、実際、一緒にしばらく働いてみないとわからない。

信頼する友達と起業することこそ成功法則なのだ。

僕は仲間とスタートアップを立ち上げ、人生が大きく変わった。

高卒でNSCに入り、社会人経験もないまま引きこもりニートになって人生をあきらめた。

でも、号泣しながら手紙を読み、仲間たちとはじめの一歩を踏み出した。

その後、事業が拡大するにつれ、仲間や仲間の仲間を超えた、新たな仲間が必要になった。

ありがたいことに次々と尊敬する仲間と出会え、「僕らが世界を変える」という想いで日々働いている。

だが、読者の中には、そんな仲間と出会いたいが、なかなか出会えないという人も多いと思う。

そこで次章では、僕が尊敬する新しい仲間とどのように出会ったかを紹介したい。

出会いは運ではない。

出会いにも〝ノウハウ〟があるのだ。

第2章

タネと水で仲間を集める

1　新しい仲間を集める

会社説明会に50人連れてきた謎の人物

フィディアには内勤、外勤と呼ばれる働き方がある。

内勤とは、フィディアグループで採用された正社員で、11事業に配属される。

一方、外勤とは、人材事業「Evand株式会社（以下エヴァンド）」の正社員として社外の取引先で勤務する社員のことだ。

新卒採用は2016年から始まった。

2023年4月には500名の新卒が入社するまでに成長した。

ここでは、そんな多数の採用を支えるイベントサークルを通じた採用ノウハウをお伝えしたい。

２０１９年の会社説明会に友達50人を連れてきた強者がいた。その名を中村洸登《なかむらひろと》（以下ヒロト）という。びっくりして聞いた。

「なぜそんなに人を呼べるの？」

「僕は２００人くらいのイベントサークルのリーダーをやっています。面白い会社があるから一緒に行こうと誘ったんです」

２００人規模のリーダーといっても、信頼がなければ50人も集めることはできない。

「就職先はもう決まっているの？」

すでに３社の内定が決まっていて、僕らで４社目だった。

「御社を本命に考えていますが、他社からも具体的な役割や条件を提示してもらっています」と言う。

シンプルな最強の採用戦略

僕はどうしても入ってほしいと思い、役員３人と一緒においしい焼肉屋に行った。

ヒロトには上座に座ってもらった。若い人には上座の概念はないかもしれない。ただ、これは！　という人を口説くとき、僕たちは年齢や役職関係なく敬意として上座に座ってもらう。

そして、会社のビジョンやミッションを話し、「どうしても入ってほしい」と伝えた。

すると、

「僕のために3人の役員さんを呼んでくれて感激しました。腹を決めます」

と言うではないか。

最強の採用戦略は、社長と内定者、または社長・役員と内定者でおいしいお店に行って上座に座ってもらい、率直に「どうしてもあなたに入ってほしい」と伝えることだ。

これは**シンプルかつ効果検証済のノウハウ**だ。

ヒロトの代は新卒を140人採用した。

ヒロトは内勤社員として人材事業に配属され、同期の外勤の出向先をマネジメントした。

ヒロトは同期のリーダー的存在となり、会社と同期の間に立って密なコミュニケーションを促進してくれた。信頼度の高い人をおもいきって抜擢すると、同期全員の会社への信頼度が上がるのだと、僕に気づかせてくれた。

ヒロトは今、人材事業で新卒エージェントの担当責任者として「最高のワクワクと最高の仲間をつくり続ける」と標榜してくれている。

新卒1年目から一人前のコンサルとして活躍

ヒロトと同じイベントサークルで次代の代表が山口貴一《やまぐちきいち》だった。

初めて会ったとき、「ヒロトは会社説明会に50人呼んでくれた」と伝えると、「気合で抜きます」と山口は90人呼んでくれた。

山口はインターン時代にフィディアの事業立案コンテストに参加。１００人（当時の正社員は約１５００人）がエントリーする中、グランプリを受賞した。

事業内容、プレゼン力もダントツだった。山口は内勤となり、11事業で最も切れ者がそろうコンサルティング事業（Luvir Consulting株式会社、以下ルヴィアコンサルティング）に抜擢した。

コンサル事業はフィディア内の他の事業にアドバイスをするほか、他社からフィーをもらって経営アドバイスも行う。

トップはフィディアＣＯＯ（最高執行責任者）の中川裕貴《なかがわゆうき》で、責任者２人（代表取締役・中川裕貴、執行役員・岡田《おかだ》幸士《こうじ》）はいずれもデロイト出身。２人の下に各事業のエース級６人を集めて編成した。

中川が「優秀な人材をくれたらすぐに戦力化する」と言っていたが、その言葉にウソはなく、６人とも高額のコンサルフィーをもらえるようになっている。

そこに山口が加入した。

最初から一人でお客様に対応するのは無理なので、60時間の座学研修とフィディア名物の「獅子はわが子を千尋の谷に落とすＯＪＴスタイル」を経て、１年後には一人前のコンサルタントとして活躍していた。

現在は主担当として上場企業に人事制度設計などのコンサルティングサービスを提供し、月１０００万円以上の売上貢献をするようになった。

競合は超大手7社！「グラングリーン大阪」のカフェ公募に挑んだ驚異のプレゼン

２０２４年9月、大阪駅直結の「グラングリーン大阪」という広大な公園ができる。

資材置き場を大阪府と大阪市が買い上げ、公園の真ん中には安藤忠雄さん設計の360度ガラス張りカフェができるのだ。

公園の象徴となるカフェの企画運営は公募で行われた。

誰もが知る有名カフェチェーンやホテルチェーンが7社も手を挙げていたが、僕らも応募することにした。その責任者が山口だった。

1年半かけて条件を詰めながら企画を練り込んだ。

有名カフェチェーンは坪単価4万円を提示してきたが、僕らは3万3000円までしか出せなかった。

ただ、有名チェーンのカフェがあっても、「そこを目的にグラングリーンに行こう」とはならない。僕らは世界に一つしかないカフェ、大阪の象徴になるカフェを企画した。

「大阪に行ったら絶対あのカフェに行きたい」と公園自体のバリューを底上げするカフェをつくりたいと思ったのだ。

大一番のプレゼンを翌日に控えた日、山口はプレゼンの練習中に倒れ、救急車で運ばれた。山口は5分間のプレゼン時間があったら完璧な資料を用意し、5分ぴったりで終わるタイプ。だが、「1秒も無駄にするもんか」と徹底的に練習するうちにテンションが上がりすぎて倒れてしまったのだ。

「ちょっと気合が入りすぎました。使命感が高まって、心拍数が爆上がっちゃいました」と笑いながら話す山口は心底すごかった。

当日、山口は堂々とプレゼンした。

今まで数々のプレゼンを見てきたが圧巻だった。

聞いていて涙が出そうだった。

これが入社3年目なのか！

事前に世界的なホテルチェーンに決まりかけているという噂を聞いていたが、山口のプレゼンに感動したクライアントが「もっと話を聞かせてほしい」とものすごく前のめりになった。風向きが変わった瞬間だった。

世界一のピザで逆転ホームラン

僕らはチェーン店と個店の違いで勝負するしかないと思い、うまく伝える秘策を練った。

実は僕らの仲間にピザの世界チャンピオンがいる。

フィディアの創業初期メンバーの一人、山本寛之《やまもとひろゆき》だ。

山本は創業6年目に突然、「会社を辞めようと思っている」と言い出した。

それまで社員の退職者は一人もいなかったので、僕はびっくりした。

「会社に不満があるわけじゃない。休みにイタリアに行って食べたピザが、人生観が変わるほどうまかった」と言う。

ピザ屋の店主と連絡先を交換すると、「日本人のお客様が多いから、日本語の話せるスタッフがほしい。うちで働かないか」と誘われた。

「イタリアに行きたい衝動が抑えきれません。どう思いますか?」

めちゃくちゃポジティブな夢なので、僕はその場で賛成した。

山本は接客だけでなくピザづくりも行い、3年後に世界大会に出た。

「入賞できれば」という軽い気持ちだったそうだが、審査員は「1位、ヒロ・ヤマモト」と発表。なんとたった3年でピザの世界チャンピオンになったのだ。2013年、ピッツァワールドカップカルツォーネ部門優勝。2014年、ピッツァワールドカップマルゲリータDOC部門優勝と2年連続優勝し、現在は大阪・吹田市に「Pizzeria e Osteria Codino（ピッツェリア エ オステリア コディーノ）」を構えている。

そこでクライアントと打合せをした。

山本は極上の水牛モッツァレラチーズなど、手に入る最高の食材で調理してくれた。

山本のピザを食べると間違いなくみんな感動する。

食は即効性がある。化粧品や健康食品は効果を実感するまでに時間がかかる場合が多いが、食は1秒でわかる。「要するにこういうこと」が瞬間的に伝わるのだ。

感動しているクライアントに向かって僕はこう言った。

「これがチェーン店と個店の違いです。チェーン店ではここまでのクオリティや空気感は絶対出せません。**異常な情熱をかけるから異常な商品ができる。**グラングリーンのカフェもこうありたいですよね」

「そういうことですね。魅力ある個性的なカフェがグラングリーンにほしい」

僕らの役員たちも半ばあきらめていたカフェ事業だったが、山口と山本の活躍で逆転ホームランをかっとばした。

最後にクライアントに、「このピザ店オーナーはフィディアの卒業生なんです」と言ったら、もう一度驚いてもらえた。

2 顧問紹介・顧問派遣サービスを活用する

失敗しないヘッドハンティングの奥義

新卒は**能力**、**情熱**、**人間性**で採用し、3、4年かけて育てようと思っている。

一方、中途は即戦力として業績を上げてもらえるかで判断している。だから何をやってきたか、どんな実績を出してきたかを見る。

たとえばマーケティング担当者がほしいときは、その道のプロに面接に入ってもらう。フィディアのＣＭＯ（最高マーケティング責任者）である菅良平《すがりょうへい》はもちろん、信頼している他社のマーケティング責任者に依頼することもある。専門家ならではの質問をしてもらい、間違いない人材を採るようにしている。

リスティング広告（ユーザーが検索したキーワードに合わせて表示される広告）なら、「どんなクリエイティブで回したか」「どんな画像でどのように訴求したか」「売上や成約率はどうだったか」を聞く。SEO（グーグル、ヤフーなどの検索エンジン最適化）だったら、「過去にどんなキーワードを上昇させたか」を数値で判断する。

これらは多くの会社が心がけていると思うが、ここではフィディア独自の戦略を紹介したい。

僕らは**顧問紹介・顧問派遣サービス**を活用している。

顧問紹介・顧問派遣サービスには、大手企業で活躍していた（している）人が登録されていて、彼らは様々な専門知識、スキル、幅広い人脈を持っている。最近は副業OKの会社が増えてきているので、一流企業でバリバリ活躍している人も登録されている。

僕らの奥義は、**顧問紹介・顧問派遣サービスに登録している若手と1か月だけ契約**することだ。常時10人くらいと契約し、1か月一緒に仕事をして「この人はいい」となったら、3か月、半年と契約延長する。

この間に、能力、情熱、人間性を見極め、「この人と仲間になりたい」と思ったら、顧問紹介会社から了承をもらったうえで人材紹介料を払い、ヘッドハンティングする。これが失敗しない採用の奥義で、11事業すべてがうまくいっている秘訣だ。

1年くらいかけて価値観を見て、「仲間になってほしい」と思えたら、正社員として同じ船に乗ってもらいたいと勧誘するのだ。

元デロイト出身のすごい提案

人材事業をスタートし、外勤（正社員出向）、内勤を合わせた正社員が1000人を超えた頃、人事評価制度を導入したいと思った。

それまでは昇進・昇給について個別に考えていたが、人が増えると一定の物差しが必要になる。

人事評価制度の策定では、デロイトの評判がよかった。ただ、デロイトのコンサルタントを雇うと、最低でも月500万円は必要だ。人事評価制度の策定に4か月かかったら2000万円となり、出費が大きすぎる。

そこで顧問紹介・顧問派遣サービスを調べると、元デロイトで人事評価制度をつくった実績のある人が登録されていた。中川裕貴は当時、独立して個人でコンサルティング業やヘッドハンティング業を展開していた。僕は中川と仕事経験のある知人にリファレンスチェック（職歴や能力等の信用調査）を実施した。

「中川裕貴さんってどんな人でしたか？」

「能力、人間性は折り紙付き。滑舌が悪い点以外は申し分ない」

さっそく顧問紹介・顧問派遣サービスに紹介してもらうと、信じられないくらい優秀だった。当時の僕の中では「過去に出会った人で一番優秀」だった。

僕が要望を伝えると、すぐに人事評価制度の概要を整然とまとめてくれた。

それに加え、「この施策を実行すると会社が伸びる」という3つの提案があった。

「この2つはやる。でもこれはいらない」

「いらない理由は何ですか」

などのやりとりをすると、次にまた別の提案がきた。

「森さんの悩みは人事評価制度がないことではありません。森さんの悩みは1000人の社員のやる気を引き出せないことです。1000人がやる気を出したら、会社はもっと伸びるのにと思っているんです」

こう言われて腹落ちした。

「そうなんだ。みんなのやる気が出ることが目的で、人事評価制度は手段なんだ」

「横軸の組織改革をしましょう。現在縦割りになっている組織に横割りを加えましょう。CxO（Chief x Officer）制度を導入するんです。**グループを横に統括する役割**があれば協力関係が強まります」

CxOは「最高〇〇責任者」と訳され、専門分野で業務執行を統括する責任者のことだ。

この制度によって経営の監視役と執行役を明確に分け、健全な企業運営とすばやい経営判断ができるとされている。まずは、中川の提案してくれた新しい人事評価制度を導入してみた。

すると徐々に組織の結束と社員のモチベーションが高まり、業績はみるみる上がった。

中川がコンサルに入ってくれたときは年商60億円だったが、1年半後には100億円が見えてきた。「こいつはマジですごい」と思った。

大物は役員合宿の露天風呂で口説け

僕は単刀直入に中川に言った。

「うちに入ってほしい」

「そういう話、たくさんもらうんですよ」

と言いながらも、はっきり断る感じではなかった。

「あれ、ちょっと入りたそうやな」

「わかりますか。ちょっとだけ考えさせてください」

当時、僕らの役員の最高報酬は年収1800万円。中川の年収はその額を優に超えていた。

その後、中川は僕らの役員合宿に「会議の進行役がいたほうがいいでしょう」と自分から参加してくれた。

その晩、露天風呂に入った。

満天の星空の下、役員みんなで円形のジャグジーの縁に腰かけた。

心地よい風が吹いていた。役員は口々にこんなことをつぶやいた。

「中川さんがきてくれるようになって会社はどんどん大きくなった」

「僕らはもう100億の手前まできている。100億を達成したときに中川さんがコンサルじゃなくて仲間だったらいいのに」

「中川さんと一緒にこの先の夢を追いかけたい」

食事のとき、中川に上座に座ってもらい、乾杯の挨拶をしてもらった。

すると中川は「今期のわが社は」と話し始めた。

僕らは「あれっ？」と顔を見合わせ、全員で突っ込んだ。

「何がわが社や！」

「おまえ外様やろ！　他人のくせになに言ってんねん」

「そんなこと言ってんやったら、はよ入れ」

中川はニヤニヤしていた。

「しゃあないから入りますわ。どうせ入るって言うまでしつこく勧誘するんでしょ」

後からこのときのことを中川に聞くと、「役員全員に誘われて嬉しかった」と言っていた。

右肩上がりの業績を実現した「肝中の肝」とは？

その後、僕らは役員会を行い、中川から提案のあった**横軸の組織改革**を始めた。

CEO（最高経営責任者）は僕だが、COO（最高執行責任者）、すなわちグループのナンバーツーは誰がいいか議論した。

すると、本人以外の全役員が中川を推した。

最後に入った最年少がグループのナンバーツーになったのだ。

「ナンバーツーはおまえに託す」

信頼している仲間の言葉に中川は燃えた。

他の役員も、それぞれ横軸の役割を担った。人材事業（エヴァンド）責任者の石田優太郎《いしだゆうたろう》がCHRO（最高人事責任者）、広告事業責任者の菅はCMO（最高マーケティング責任者）など、それぞれの得意分野を担当した。

力を発揮する領域が明確になると、役員の士気も上がった。

CHROの石田が11事業一括で採用を担当したり、CMOの菅が他事業の広告やマーケティング戦略をアドバイスするようになった。

僕らが**右肩上がりの業績を実現した「肝中の肝」はC x O制度の導入**だった。

複数の事業会社を持つ企業グループでは、それぞれに人事部やマーケティング部があるより、**一元化することで業務の質は格段に向上**するのだ。

C x O制度で一番のお勧めはこれだ

存在自体あまり聞いたことがないかもしれないが、C x O制度で一番のお勧めが**CCO（最高クリエイティブ責任者）**だ。企業経営にもデザイン思考が問われる時代、これからますます重要になる。

CCOの井谷育宏《いたにやすひろ》の役割は全事業のプロダクトで美しいデザインをつくることだ。外部の会社に籍を置きながら、当社のCCOを兼務してもらっている。

かつて僕らは10社程度のデザイン会社とつき合い、仕事を依頼していたが、毎回飛び抜けたレベルのクリエイティブをつくる会社があった。

そのため、メイン商品のデザイン、会社のホームページ（以下HP）など、重要なデザインはその会社に発注していた。だが、そこに依頼が殺到すると、仕事がさばききれなくなった。

いろいろな案を話し合った結果、その会社の社長である井谷に当社のCCOになってもらうのがベストと判断した。これは**転職ではなく兼務**だ。

外部の優秀な人に、CxOとして参加してもらう方法は多くの会社で実施しやすい。トップクラスの人材でも、週1回なら直接アドバイスをもらえる。

今、井谷は週1回出社し、僕らのデザインチームに貴重なアドバイスをくれる。人間性もよく、おしゃれなので社内でも人気がある。ディレクション能力に優れているので、デザインチームの能力が底上げされた。

実際、井谷への信頼度は高く、「週1回ではなく、2、3回きてほしい」とみんなに言われている。

そして井谷には「僕らのカルチャーを伝えるオフィスをつくりたい！」という願いを込めた2億円のプロジェクトも担当してもらったのだが、その話はもう少し先で。

3 「今まで出会った中で一番優秀な人」を紹介してもらう

優秀な仲間に出会える世界一シンプルな質問

僕はよく**「あなたが今まで出会った中で一番優秀な人は誰？」**と聞く。

ＣＯＯの中川に「一番優秀な人を紹介して」と言ったら、「中嶋尚人《なかしまなおと》です」と即答した。

中嶋は高校時代、サッカーの石川県大会で準優勝し、塾にも行かずに京都大学に現役合格した。卒業後は京都銀行に務めているという。

中川は「紹介してもいいですけど、10年間銀行一筋の堅いヤツなんで採れないと思いますよ」と言ったが、会わせてもらうことにした。

当時、僕らの会社の経理は小学校からの同級生がやってくれていた。

経理としては優秀だったが、年々事業数が増え、年商100億円を超えるようになってくると、金融（経理）のプロフェッショナルが必要になっていた。

「僕らは1か月の業績を締めたときに、1円どころか100万円合わないこともあったんです」

と僕が言うと、

「それは消込《けしこみ》が足りないです」

と中嶋は言った。

消込とは、売掛金や買掛金などの債権・債務の勘定科目の残高を消していく作業だ。たとえば、売掛金の入金があったときに、正しい金額が入金されているか、そもそも売掛金が入金されるのは正しいのかなど、支払明細を見ながら確認する。

その際に入金されているデータを消していくことで、売掛金が請求どおりに回収できているか、残りの売掛金のデータと実際の入金にズレがないか、回収が遅れているものはないかなどを確認する。

「その月のうちにちゃんと合わせていますか」

「いや、翌月だ」

「僕らは1日単位で合わせます。少しのミスが積み重なっていくので」

「うちに入ってほしい。ファイナンスの責任者になってほしい」

僕がそう言うと、「堅いヤツなんで入らない」と言っていた中川も、「中嶋、おまえと一緒にやりたい」と口説いてくれた。

IQテスト2500人中2位の銀行マンが転職を決断した「4字」の言葉

「俺、この会社に入ってよかったと思ってるんや。人生が開けて毎日ワクワクしてる」

中川のその言葉が中嶋に刺さったようだ。

「ワクワクか。気持ち伝わりました。持ち帰らせてください」

その日の夜、中嶋は奥さんと話したという。

「フィディアという会社がファイナンスの責任者をやらせてくれると言っている。中川という幼なじみが働いている会社で業績も右肩上がりだ。この会社に入りたいと思ってしまって。どう思う？」

話を聞きながら、奥さんはボロボロ泣いた。

中嶋は京都大学工学部生だった頃、未婚の子持ちという年上の彼女と出会い、結婚することになった。生活を支えるため、大学院に進学せずに就職した。

中嶋はフィディア**約2500人の中でIQテスト2位**という優秀さでしゃべりも立つ。おそらくあらゆる企業を選べたと想像するが、奥さんの実家から近く、転勤のない京都銀行を選んだ。

奥さんは自分の実家近くの企業に就職し、自分たちを支え続けてくれていることに感謝しかない。それどころか胸が痛かった。そんな中嶋が初めて自分の夢を語ってくれたのが嬉しかった。

「ようやく自分の夢にチャレンジしてくれるんやね。私に止められるわけがない。どんなチャレンジでもついていきます」

そうやって中嶋を送り出してくれた。

中嶋は今、CFO（最高財務責任者）として活躍している。

事業責任者の最初のミッションとは？

優秀な人を仲間にしたいときは、優秀な人に**「あなたの人生で一番優秀だと思った人を紹介して」**と依頼することだ。

当社の事業責任者（ナンバーワン）の最初のミッションは、ナンバーツーを見つけることだ。

これは業績を上げるのと同じくらい重要で、ナンバーツーの活躍次第で業績数字はガラリと変わる。

事業責任者は僕ら役員が選ぶが、ナンバーツーを見つけるのはナンバーワンの責任だ。

ナンバーツーは社内で見つけてもいいし、社外から連れてきてもいい。いずれにしても「今まで出会った中で一番優秀な人」が条件となる。

成功した企業の共通点はナンバーツーが優秀なことだと思う。

ナンバーワンはビジョンを語るが、細部を詰めるのはナンバーツーだ。

本田宗一郎に藤沢武夫、井深大に盛田昭夫。とにかく優秀な人をナンバーツーにつけるのだ。

僕らの役員が連れてくる人はみんな優秀なので、数珠つなぎに優秀な人が集まってきてくれる。本当にありがたいことだ。

デロイトの9割打者と夢をかなえる方法

コンサル事業を立ち上げるタイミングで僕は中川にこう言った。

「デロイトで一番優秀な人って誰だった？」

「岡田幸士さんですね。あの人はすごかった」

デロイトはそもそも精鋭部隊だが、その中で岡田さんはトップ3％の評価を勝ち取り、飛び級で昇進したスーパーエリートだった。

コンサルティング会社の契約率は平均2割だという。

依頼主はだいたいコンサル5社に提案を求める。

その中でプレゼンを勝ち抜くのはたった1社。

すると10社から依頼があると、平均的なコンサルタントは2社を獲得する。

だから契約率2割程度になる。

ところが、岡田さんは依頼主9社から依頼される。

契約率は9割だった。

デロイトの中でも、「岡田が行ったら必ず契約を取る」と言われるモンスターで、若手時代の中川も岡田さんと同じチームになったら、「このプロジェクトは絶対に成功する」と確信したそうだ。

その岡田さんを、ついに僕らの会社に誘うことになった。

岡田さんも「組織になじめない中川が惹きつけられている会社の話を聞いてみたい」と興味を示してくれた。僕は岡田さんに聞いた。

「岡田さんの夢って何ですか」

するとウソみたいな話だが、「森さんみたいになりたい」と言ってくれた。

「自分で会社をやってみたい。僕もいろいろ経験するうちに、もしかしたら100億企業をつくれるんじゃないかって思い始めているんですよ」

岡田さんが僕らの会社に入る条件が、自分の夢と僕らが新しく立ち上げるコンサル事業の2つが同時にうまくいくことだった。

「僕らが取ってきた仕事でプロジェクトマネジャー対価が仮に200万円だった場合、僕らは報酬を取らず、100%満額支払います。その代わり社員を一人前のコンサルとして育ててほしい。優秀なコンサルを一人ひとり増やして僕たちの新規事業をつくりたい」

「わかりました。僕個人の報酬は僕の会社の売上へ。新しく育てたコンサルの売上は新会社につけましょう。まずは強いコンサル会社をつくります。僕と中川がいれば、その夢はかないます。デロイトの中でもトップ3%に入るコンサルチームが、デロイトの半分以下の価格でコンサルするので絶対仕事は取れる。僕が組織づくりと契約までをやるので、マネジメントは中川にやらせてください」

「ありがとうございます。僕たちは岡田さんの新会社と新規コンサル事業が軌道に乗るよう、今までのネットワークや知見でお互いの夢を実現させます」

条件に折り合いをつける

その後、岡田さんはデロイトを辞め、100億企業を目指して自分の会社を立ち上げた。僕らがコンサルの仕事を取ると、岡田さんにプロジェクトマネジャーとして入ってもらう。同時に当社の社長室長としてグループ全体の最適化を図ってくれている。

このように**条件に折り合いをつける**のもヘッドハンティングのポイントだ。

岡田さんは本当に優秀だ。９割の契約を取るなんて信じられなかったが、仕事ぶりを見ると合点がいった。

詳細は書けないが、異常なほどクライアントを調査している。

クライアントの顕在的な悩みと潜在的な悩みの解決策まで提示し、こうすれば売上、利益が上がり、経費が下がると具体的に提示する。

世の中に落ちているあらゆる数字を拾ったのではないかと思うくらい数字をきっちり詰めていき、４、５回打合せしないとできないレベルの資料を２回目に持ってくる。

そして与えられたプレゼン時間が1時間なら、毎回時間を測ったように終わる。

「45分で説明、15分で質疑応答」と言われれば45分でピタリと終わる。この瞬間、この人に任せれば間違いないとクライアントが確信する。

この〝岡田式〟を踏襲したのが僕らのコンサルチームだ。

前述した入社3年目の山口が「グラングリーン大阪」のカフェ公募で抜群のプレゼンを行ったのも、中川と岡田さんの近くで仕事をしていたからだろう。

4 ワクワクのタネを埋めてくる

狙うは孫正義、北尾吉孝から絶大な信頼を得た男

時価総額上位の企業に共通するものとは何だろう。

いずれも金融事業をやっていることだと思う。

僕らは今、146億円企業だが、本気で「1兆円企業」を目指している。

そのためには金融事業がどうしても必要だ。

そこで「金融事業でナンバーワンの実力者をヘッドハンティングしよう」ということになった。では、ナンバーワンとは誰か。

中川は独立時代、人事コンサルティング業とヘッドハンティング業を並行して行ってい

た。

当時のヘッドハンティングは一人決めたら年収の３分の１の額が入るのが相場なので、年収１億円の人を決めたら約３３００万円が入ってくる。金融系は高給人材が多い。転職を決めたら動く金額も大きいので、中川は「金融業界のすごい人リスト」を自分でつくっていた。

その中でリストアップされた高橋良巳《たかはしよしみ》さんは能力・実績ともに抜群。しかも人間性の評判もよかった。

中川はそれまで一回だけ面談したことがあり、「腰が低かった」という。

高橋さんは野村證券の営業出身で、韓国経済が悪くなったとき、ソフトバンクの孫正義さんに、「今のうちにサムソン、ロッテ、ＬＧの株を買ったほうがいい」と提案した。

もちろん、野村證券を通してという話だが孫さんは、「ソフトバンクなら実現できるから転職してきてほしい」と言ったそうだ。

高橋さんが丁重に断ると、孫さんは野村證券を通すことに合意してくれたが、今度は野村證券サイドが「それほどの大金を動かすのは難しい」となった。

結局、高橋さんはソフトバンク韓国の社長となり、韓国企業の株を安く買った。韓国経済が立ち直ると、1500億円の利益を出した強者だ。

その後、高橋さんは当時の韓国大統領に直談判してイー・トレード証券韓国(当時)の事業許可をもらい、韓国2位の証券会社にまで育て上げた。

その間、韓国の会社をM&Aして何社も上場させた。

高橋さんは、ソフトバンクのナンバーツーだった北尾吉孝さんがSBIホールディングスをつくるときにも、ソフトバンクに顧問として残りつつ活躍した創業メンバーの一人でもある。

1兆円企業へ、金融事業のナンバーワンを求め韓国へ

僕らが金融事業をつくりたいと考えたとき、中川の紹介で、韓国にいるSBIコリア・ホールディングス社長(当時)の高橋さんに、役員6人中5人で会いに行った。

高橋さんは僕らが投資のお願いにきたと思ったらしい。

「いえ、違います。高橋さんをヘッドハンティングしにきました」

「何を言ってるの? 君たちの会社は80億円だけどこっちは9000億円の会社だ。2桁

違うよ」

「本気で金融事業をつくりたいんです。１兆円企業をつくるにはどうしても金融事業が必要なんです。高橋さんが必要なんです」

僕らが熱く語っていると、

「日本から５人分の渡航費、ホテル代をかけてよくきてくれた。気持ちは伝わった。近くにうまい焼肉屋があるから行こう」

と連れていってくれた。

「うまいですね。涙出そうですわ」

「おもろい感じの子やなと思ったら君ら大阪か」

「高橋さん、無理ですかね」

「いや帰らせてや。監禁やめて」

「いや、帰さないですよ」

しばらく冗談を言い合っていると、高橋さんがこう言った。

「孫さん、北尾さんにヘッドハントされたときを思い出すな。森さん、今何歳？」

「40です」

「孫さんや北尾さんが40歳のとき、2人の会社はもっと大きかったけど、何か通じるものがあるな。なんとか協力してあげたい」

と言いながら、社外取締役になってくれるという。

「うちの役員は年収1800万円が最高額です。社外取だと半分くらいでも問題ないですか？」

「そんなに必要ない。月10万円でいいよ。時間の許す限りできることはなんでもするので、いつでも聞きたいこと聞いて」

律儀な伝説の男、電撃入社す

それから、3年が経過した。

その間に僕らの会社は売上100億円を突破し、120億円になっていた。

高橋さんは「確かに金融事業がないのはもったいない。君らが韓国にきた時期がベストタイミングだった。けど僕が3年も引っ張ったから機を逃したかもしれん。申し訳ない。でも、その間、他の人をヘッドハンティングせずに待ってくれてたんやね」

　そのとき神風が吹いた。

「最後にもう一回だけワクワクしたい。君らの会社にお世話になろうと思っているけど、あのときの話、まだ生きてる？」

　こうして高橋さんが正式に僕らの仲間になってくれた。

　高橋さんは普段はスーツにワイシャツ、ネクタイのほうが落ち着くという人だ。

　それがなんと、出社日に僕らがつくっているアパレルの服できてくれた。全役員がめちゃくちゃ沸いた。

「なんか恥ずかしいけど、仲間に入れてもらおうと思って、これできちゃいました」

　高橋さんは毎朝9時に出勤してくる。僕は「何時でもいいですよ」と言ったが、「それはちゃんとやらせて」という律儀な人だ。

　今、高橋さんは11事業の半分くらいの会議に入っている。豊富な人脈で様々な人とつなげてくれるのだ。

　一例を挙げると、僕らの美容クリニック事業がある。

　韓国には「漢方薬」ではなく「韓方薬」というダイエット薬があり、飲むだけで食欲が抑えられ、やせると密かに注目されている。なかでも100年以上の歴史がある「アラム韓方院」は信用度が高い。

高橋さんに「ここの会社とネットワークはありますか？」と聞くとすぐに紹介してくれ、日本での独占販売契約ができた。日本で医師が診察・処方できるのは僕らの会社だけだ。しんどい食事制限や注射は不要。飲むだけで満腹感を覚え、自然に食欲が抑制される。結果的に体重が落ちるので、ダイエット希望のお客様は満足度が高い。

アラム韓方院の経営者は「高橋さんがいる会社なら安心。日本でシェア取ってよ」と言ってくれた。高橋さんが僕らの仲間になってくれ、僕らの「仲間力」は爆上がりしているのだ。

社長より役員の年収が高い会社

普通の会社では珍しいかもしれないが、僕らの会社では高額報酬の役員が増え、僕より役員の給料が高いという時期が5、6年あった。

僕が月給50万円のとき、役員に150万円払っていた。

僕は「50万円あれば生きていけるからええ」と思っていたが、あるとき役員会でそのことが議題になった。

「森さんの年収、600万って知ってる？」

「ウソやん。俺の3分の1」

こうして役員会決議で僕の給料を年収3000万円にしてくれた。

役員会議後の飲み会で、「社長より役員の給料を高くするなんてなかなかできないですよ」と言われた。

本心を言うと、自分の給料より会社の価値を上げたかった。

配当を出さないほうが時価総額が上がると考えた。だから「森は本気で会社を大きくしたいんだ」と役員には伝わったと思う。

もっと会社が大きくなったら、役員の給料も年収1億円まで上げたい。

役員たちも「この人だったら約束を守ってくれそう」と思っているかもしれない。

彼らは一人ひとり自ら経営できるし、年収1800万円で留められる人たちでもない。

そして、これから会社の利益が上がってきたら、社員みんなの給料も上げたい。

小さな会社でもハイクラス人材にきてもらえる作戦

よくこんなことを言われる。

「こちらに仲間になってほしいという気持ちがあっても、断られたらおしまいですよね。仲間になってほしい人が、みんな仲間になってくれるのはどういうわけですか」と。

僕らも会社規模が小さいときはハイクラス人材は採れなかった。

そのときは学校の同級生や身近にいる人の中で「最高に優秀な人」に仲間になってもらった。

年商30億円くらいになった頃から、オフィスやHPにある程度のお金をかけ、会社の成長性や商品・サービスのよさで信頼を積み上げながらハイクラス人材にチャレンジした。

そのとき大切なのは、**既存メンバーの「質」と「情熱」と「しつこさ」**だ。

やはり誰と働くかが大事だ。

誘われた人の気持ちを考えると、社長や役員がどんな人かは一番気になるだろう。

つまり社長を信じて入った人の声を聞きたいのだ。

これは商品を買うユーザーの気持ちと同じだ。

メーカーの宣伝文句だけでは信用できない。テレビを買うときはメーカーのスペック解説より、アマゾンレビューを見て、買った人の声を知りたいはずだ。

ヘッドハンティングも同じ。

社長の説明だけでなく、働いている人のレビューも知りたいのだ。

だから僕はこれは！　という相手に会うとき、役員や社員を連れていく。

中嶋や岡田さんを誘ったときは、中川にも一緒に行ってもらい、本音を語ってもらった。

その言葉そのものが生レビューだからだ。

社長だけでなく、相手と近い立場の人を一緒に連れていき、ヘッドハンティングする作戦は他のどの会社でも活かせる重要ポイントだと思う。

自動的にいい仲間が集まる合言葉

中嶋、岡田さん、高橋さんの3名を会社に誘ったとき、僕らが共通して意識していたことがある。

それは面談のときに、**相手の胸の真ん中にワクワクのタネを埋める**こと。

やがてワクワクのタネは自動的に発芽し、彼らはワクワクしながら僕らの仲間になりたくなる。

これを言い出したのは中川だ。

入社後、「いつのまにか森さんたちにワクワクのタネを埋められていました。いつのまにか芽を出して勝手に大きくなり、自分では制御できなくなりました。会うたびにタネに水を与えられている気分なんです」と言っていた。

以来、「**ワクワクのタネを埋めてくる**」**が僕らの合言葉**になった。

タネとは何か。その人が会社に入ってからの役割だろう。

自分が役に立てるか、戦力になれるかがタネだ。

その後、会うたびに水をあげてくる。会うたびに「このメンバーはすごい」「一緒に働きたい」と思ってもらう。

多くの企業は「報酬がタネ」だと思っているが、**大きな誤解**だ。

僕らが中嶋の胸の真ん中に埋めたワクワクのタネはこうだ。

「CFOとして会社のあらゆる無駄を省いてほしい。

11事業のお金の使い方を整理したら、たぶん埋蔵金が5000万円とか1億円出てくる。それがあなたに一番やってほしいことだ。

そして、僕らは今、120億円企業だけど、本気で1兆円企業を目指している。その資金調達と財務をすべて任せたい」


すると中嶋は「自分はこの会社に貢献できそう」という顔をしていた。

その後、他の役員にも会ってもらい、率直に会社や僕のレビューをしてもらう。

役員が夢や仕事の様子をイキイキ語ってくれると、それが「水」になる。

「自分はここで活躍できる」「ここにはすばらしい仲間がいる」を認識すると、「ここで働きたい」と思ってもらえるのだ。


でも、僕らは誰とでも仲間になりたいというわけではない。

こういう人は仲間になってほしいが、こういう人とは仲間になりたくないという明確な基準がある。

それについては次章でじっくり語ろう。

第３章

仲間を見極める

1 仲間を見極める公式「能力×情熱×人間性」

「人の辞めない人材会社」をつくりたい

「仲間を見極める」ことについてきちんと考え始めたのは、正社員型の人材派遣事業を立ち上げ、多くの外勤社員を採用し始めたときだった。

それまでは内勤社員だけだったので採用数が少なく、僕と役員たちの感覚で採っていた。

まず、人材派遣事業が生まれたきっかけについて触れたい。

最初の街コン事業をやっていたとき、事務を手伝ってくれたのが父の知り合いだった。

大手企業を定年退職した人たちで事務能力は高かったが、創業期で資金不足だったので、時給1000円のアルバイトで働いてもらっていた。

その人たちがさらに高齢になると、「老眼でパソコン作業はできないから、流れ作業でお歳暮などを詰めるほうがいい」と言い出した。

「じゃ、その仕事を僕らで取ってきます」と僕らは近所の工場を自転車で回り、仕事を探した。

ある工場が用意してくれたお歳暮を詰める仕事は時給９００円だった。

僕らが年配の人たちに払っている金額より、もらえる金額は少ない。１時間でマイナス１００円。でも、恩人たちの雇用を守ることを優先した。ただ、赤字を出し続けることは経営者として許されない。そこで高い時給の仕事をくれる会社を新たに探し、そこに若手を派遣し赤字を埋めた。これが人材派遣事業のスタートだった。

その頃、橋本雄一《はしもとゆういち》（現・執行役員ＣＲＯ〈最高リレーションシップ責任者〉）と出会った。

社員数が増えてくるとエクセルで管理するのが大変になり、人材管理システムを導入することになった。その人材管理システムの導入にやってきたのが橋本だった。橋本は人材管理ソフトの会社に勤めていた。

橋本は賃金の逆ザヤ現象が起きているのを見て驚いた。

「なんでこんなにマイナスになっているのに雇用を続けているんですか」

「この人たちは僕らの創業から6年働いてくれた恩人だから雇用を守らんわけにはいかんでしょ」

橋本は驚いた顔をしていた。

「雇用を守るという意識を持った人材会社を初めて見ました」

その後、橋本は僕らの考えに共鳴し、「人の辞めない人材会社をつくりたい」と1年かけて転職。同じく人材業界で最も優秀な人だと認める石田優太郎を連れてきてくれた。

石田と大阪・枚方市のカフェで面談すると、「**人の辞めない人材会社は人材業界の夢ですね**」と想いを語ってくれた。

「人材会社の社長の中には、人をモノのように扱う人もいます。僕は100人辞めたら101人採用すればいいという考え方には違和感があります。雇用を守るという意識を持った人材会社をつくりたい。いつか社員にしてあげるからと約束を守らない会社にはなりたくない。最初から正社員の人材会社はめちゃくちゃやりがいありますよね」

大手派遣会社のほとんどは登録型派遣だが、正社員派遣（正社員として雇用後にクライアントに出向する）なら、「人の辞めない人材会社」ができる。

こうして橋本と石田、そしてイベント事業の創業期から活躍している吉田誠司《よしだせいじ》を加えた

３人を中心に人材事業が本格的にスタートした。

石田は大手派遣会社の大阪支店長に着任することが決まっていたが、２か月後に職を辞して僕らの仲間になった。

だが、人の辞めない人材会社には雇用に関する大きなリスクがある。

正社員派遣の場合、仕事がなくても社員に給料を払い続けなくてはならない。

登録型派遣なら、派遣先が20社程度あればやっていけるが、正社員派遣なので50社と契約しようと考えた。

50社全部が「人がいらない」という状況は起こりにくい。そのため「同業種一社」という慣例がある中、同業他社とも契約することを認めてもらえるよう派遣先の担当者に粘り強く交渉した。

「僕らは正社員派遣なので1000人の雇用を守らなくてはならない。御社が雇用をやめないと約束してくれないなら、同業他社との契約を認めてください」

首を縦に振ってもらうまで、**4年**かかった。

同時に派遣先との関係性を良好にすることも考えた。

正社員派遣だからこそ社員に対し、ビジネスマナーなどの教育を行うことができる。

しっかり勤務したらボーナスが出るし役職も上がる。するとモチベーション高く働いているスタッフたちが、出向先の店舗でリーダーに昇進するなど重要な役割を担うようになってきた。

これにより人材事業（エヴァンド）は大きく成長。2000人超が働く人材会社になった。

それを引っ張ってきたのが現・執行役員CHROの石田だ。

石田はとにかく誠実で真面目。漢気にあふれ、部下から絶大な信頼を得ている。

この事業をゼロから立ち上げ、年商65億円まで成長させた2023年度は年商100億円を目指している。

新卒採用の公式

積極的に新卒採用に乗り出すと、僕らの中で **「仲間になってほしい人」の公式**ができた。

能力×情熱（やる気）×人間性（方向性）

この3つのどれかでもない。**3つを同時に満たしている人**と仲間になりたい。

能力が高く情熱があれば申し分ない。だが、その方向性を決めるのは**人間性**だ。人にはロケットのように上昇するタイプと、モグラのように穴を掘っていくタイプがいる。能力が高く情熱があっても、人間性が最悪だと会社の悪口に情熱を燃やす人が出てくる。だから、**どんなに能力と情熱があっても、人間性が最悪な人は採用しない。**

僕らは人の能力を測る物差しとして、ＩＱテストと独自につくった能力テストを使っている。

当社の主要人材は全員受けているが、統計的に見ると**IQと仕事力は比例**している。ある世界的大企業が仕事力を測るためにありとあらゆるテストをしたが、ＩＱテストとの相関性が一番高かったという。

仕事ができる人を1位から100位まで並べると、ＩＱとほぼ一致したというのだ。

結局はＩＱに帰結する。だからＩＱを採用の軸として持っていたほうがいい。僕らの会社でも分析すると同様の結果が出た。

情熱という面では、一つのことを長くやっている人は信用できる。

面接で「ずっと続けているものはありますか」と聞いたとき、「小学校から大学までサッカーをやっていた」という人は、仕事でも情熱が継続する確率が高い。瞬発的な炎ではなく、長期的に炎を燃やし続けられる人だとみなされる。

「人間性」を面接で見極める質問

「能力があって情熱があっても、人間性がよくない人とは仕事をしない」という採用の軸ができたエピソードがある。

以前、面接すると能力は申し分なく情熱も高い。それで入社してもらうことになった。ところが、自分の考えと違うと、断固「NO」を貫きテコでも動かない。ツイッター（現X）上で職場の仲間について「あいつはアホ」「こんなことも知らないくせに指示してくる」とつぶやいた。

そこで僕が間に入り、「さすがに仲間がさびしい思いをしているかもな」「反対意見があったら、面と向かって言ったほうがいいかもしれへんな」と何回か言ったが、さっぱり変わらなかった。

やがてその人は退職した。

だが、能力と情熱だけで採用してはいけないという大きな教訓が残った。

人間性をしっかり見て、**一緒に働きたいと思える仲間にだけ**入ってもらおうと思った。

それ以降、フィディアの理念に共鳴できない、または企業や個人の成長に寄与できない社員については、メリハリのある評価・処遇による自然な代謝を促すことにしている。

面接のときに人間性を見極める質問がある。

「なぜ前の会社を辞めたのですか」

「一番大変だったプロジェクトは何でしたか」

と質問しながら、**他責**（**人のせいにする**）**の理由**が出てくるかをじっくり観察する。

「会社が悪かった」「上司が悪かった」「同僚に能力がなかった」など他責にする人や環境のせいにする人は絶対に採用しない。

自分に原因がある（自責）と考えるからこそ自ら改善でき、成長できる。

失敗はしてもいい。前向きに改善できる人とだけ一緒に仕事をしたい。

すぐに辞めない優秀なインターン生を採るには？

大学生を面接し、「どうしてもほしい」という人にはインターンを経験してもらう。そして、僕らの「事業立案コンテスト」の運営チームメンバーに入ってもらい、会社のカルチャーを感じてもらう。

運営チームは、エントリー募集、舞台づくり、当日の進行などを行うほか、チームから最低一組エントリーする。

運営チームメンバーは20人くらいで週1回集まる。

社員の場合、事業立案コンテストの会議のときは「目の前の仕事をストップしていい」というルールがあり、週4日を自分の業務、週1日を事業立案コンテストの運営に割ける。

事業立案コンテストの最後に、運営チームメンバーにも登壇してもらいながら、インターン生は一人15秒でコメントする。すると、「来年は事業立案に応募します」「来年からフィディアにお世話になります」など熱い気持ちを語ってくれる。

この期間を通じてインターン生の能力、情熱、人間性を見極める。

「○○さんはチームをまとめる能力がすごい」「人間性がすばらしい」という声が上がり、

圧倒的に飛び抜けている人は、複数の事業部で奪い合いになる。

さらにインターン生には、入社後にやってほしい業務をお試しでやってもらう。

入社後に「この業務はやりたくない」とならないよう、あらかじめ体験してもらい、合わなければ再調整する。**双方ズレのないようにしておくと即戦力化**できる。

多くの会社では、インターン生に人気の職場を経験させがちだ。

インターンで人気のクリエイティブ業務を経験してもらいながら、入社後にまったく違う営業に配属したりする。

そうなると、ギャップを感じてすぐに辞めてしまうことが多い。

インターンの段階から即戦力化を視野に入れ、しっかり準備しておくことが大切だ。

2 仲間の「強み」と「弱み」を見極める

「納得感」と「適材適所」を両立させるには?

仲間の強みと弱みを見極めるのは難しい。だが、とても大切だ。

僕らは内勤として採用を決めても、その段階ではどの事業部に配属するかは決めない。

その後の面談などで強みと弱み、性格を見ながら、双方の話し合いで決めていく。

そのうえで11事業のうち、現在人材を必要としている部署を説明し、「○○事業がいいと思うけど、どうですか?」と提案。本人が「そこで働きたい」と言ってくれれば最高だ。

やりたい仕事に配属されると、通常の1・5倍くらい熱量を出してくれる。

希望する部署で募集がないときは、「空きが出たら異動してもらうから、今はこっちの事業に行ってくれますか」と聞いてみる。

一部署しか人材を必要としていなかったらどうしようもないが、2部署で必要なときは応募者にどちらかを選んでもらう。

なかには「私はどうしてもこの事業部に行きたいんです」と言う人もいるが、「こっちのほうが向いているのでは？」と提案しながらじっくり話し合うこともある。

大学時代に英語のディベート大会で優勝したことがある社員は、最初はクリエイティブな仕事を希望していた。

「英語がそれだけしゃべれるなら、アート事業はどうだろう。アーティストは外国人も多いし、海外からの問合せもたくさんある。英語のディベートが得意なら、こっちの部署が向いてそうだけど、どう？」

「確かにそうですね。やっぱりそっちがやりたいです」

となるケースもある。

採用時の配属に**納得感**があると、大きな力を発揮してくれる。

学歴や資格だけで配属するより、本人の納得感と適材適所が一致するよう、とことん模索したほうがいい。これは11事業で共有している方針で、**最初が肝心**だと考えている。

5つの事業部が「どうしてもほしい」と手を挙げた「社内ドラフト」

場合によっては複数の事業責任者が「どうしてもうちの部署にきてほしい」と直接本人にアピールすることもある。

「うちの事業部はこういうことをやっていて、あなたにこんな仕事を任せたいと思っているんです」と話し、それを聞いた本人が仕事を選ぶ。

これを「社内ドラフト」というが、かつて一人の応募者を5つの事業部が「社内ドラフト」で競合したことがある。

それはインターン時代に事業立案コンテストで優勝した山口で、飛び抜けて能力が高かった。

それで5人の役員が同時に「どうしてもほしい」となったのだ。

3 会社のカルチャーを提示し、カルチャーに合った人を入れる

企業の最大の参入障壁とは？

仲間を見極める場合、分母は大きいほうがいい。分母が大きくないと、優秀な人材が集まってこない。

可能なら3人から一人を選ぶのではなく、100人から一人を選びたい。

社員の生涯賃金は2億〜2億5000万円にも達する。中長期的に会社の業績を成長させるには、どれだけ優秀な人材を採用できるかにかかっている。人材確保のためには適切なコストを投入し、会社の魅力を伝えていかなければならない。

では、会社の魅力とは何だろう。

フィディアについて「給料が高いから応募者が多い」という人がいるがそれは誤解だ。実は給料、賞与、待遇ともに平均的な条件だ。

僕は「**企業の最大の参入障壁はカルチャー**」という言葉が好きだ。

商品・サービスはマネできるが、カルチャーはマネできない。

カルチャーとは、社長、役員、社員の夢や想いの塊だ。

だからカルチャーを「見える化」し、カルチャーに合った人に入ってもらいたい。

僕らのビジョンは「**さあ、ワクワクを創ろう。**」。

採用でも「仲間」というキーワードを前面に出し、「**友達になれそうな人を採用します**」と宣言している。すると、この言葉に共感する人が集まり、共感しない人はエントリーしてこない。

だからカルチャーについて明確に表現することがとても重要だ。

「当社は他社より給料が2万円高い」とアピールすると、お金の優先順位が高い人が集まってくる。すると、他に2万円高い会社があるとすぐ転職してしまうかもしれない。価値観の共有がしにくく、戦力として活躍してくれない可能性もある。誤解を恐れずいえば、ヘタな戦い方で**無駄金を使っているだけ**。人が本当に共感するのはそこではない。

第一印象を決めるホームページに何を載せるべきか

就職・転職を考える人たちは、企業のHP、SNSをくまなくチェックしている。HPの整備は重要だ。HPがテキトーだと優秀な人材を採れないし、社員の満足度も向上しない。

粗雑で魅力のないHPでは、自分が働く会社のことを家族や友達に言いたくない。カッコいいサイトがあれば、自信を持って「これが俺（私）の会社だよ」と言える。

だから、ある程度のコストをかけてHPを整備し、会社のカルチャーを伝えるべきだ。

第一印象がとにかく重要なので、トップページがクリエイティブでおしゃれだとセンスのいい会社だと理解してもらえる。

社長や役員の情報がテキストだけの会社が多いが、**社長や役員の顔写真、実績、メッセージ**などを掲載したほうがいい。実際、社長・役員の顔写真が掲載されている会社は業績が伸びているというデータもある。

会社のビジョンやミッションは本当に大切だ。

僕らの場合、HPに「さあ、ワクワクを創ろう。」というビジョンと「ワクワクする友達と、ワクワクする事業で、ワクワクする世界を。」というミッションを掲げている。

お互いワクワクして友達になれそうな人に入ってほしい。僕らにとってそれが一番大事で、そのうえですばらしい商品・サービスを提供し事業を拡大させれば、ワクワクする世界をつくれると本気で信じている。

そして、9割以上の社員がビジョンやミッションに共感して入ってくれている。ビジョンやミッションに共感しない人は入ってもらわなくていい。

こちらから明確に自分たちのカルチャーを発信することで、合わないと感じる人はそもそも応募しなくなる。

価値観が合わないと、長く一緒に働くことができない。どんなに能力や情熱があっても、価値観が合わない場合は採用を見送る。前述したように、他責の発言を繰り返す人は僕たちのカルチャーには合わない。

さらに、HPには僕らの会社の成長ストーリーを載せている。

近年マーケティングの世界でも、商品スペックよりストーリーに惹かれて購買する傾向が増えている。

どのような想いで創業したのか、現在までどのように歩んできたのか。アップルの物語がガレージから始まったように、人はストーリーにワクワクと胸を高鳴らせ、共感してくれるのだ。

顔が見えるSNS活用法

僕らのSNSでは、ライブ感のある情報を発信している。

新規事業の立ち上げや社員総会の様子などをリアルに発信し、意図的にワクワク感を演出している。会社規模にもよるが、広報担当者がいると便利だ。小さな会社なら別の業務と兼任してもいい。

僕らは専属の広報担当者を置き、力を入れている。当初は新卒が兼任で担当していたが、広報の重要性を感じ、現在は専任2人体制だ。

SNSでは、広報担当者が本名、顔出しで発信している。

会社のアカウントより「広報担当○○」というアカウントのほうが「人物」が見えるので親しみを持って接してもらえるし、フォロワーも増える傾向がある。

そのアカウントに僕や役員が登場し、インタビューしてもらったり、ランチの様子や社長の後ろ姿など、ちょっと茶目っ気を加えて発信したりしている。

採用情報なども発信しているが、採用面接などで「広報のSNS、すべて読みました」という声もよく聞く。会社のHPでは人間味や温かみを伝えにくいが、広報のSNSなら社内の温度感が共有されやすい。

テレビや雑誌の取材依頼の多くは広報のSNSに届く。

役員へのテレビ・雑誌の取材や講演の登壇依頼が増えたのは、広報担当者の情報発信によるものだ。

広報のSNSでフォロワーを増やすには、まず社員にフォローしてもらう。広報のSNSは社内のコミュニケーションツールでもある。

広報の役割は社外に情報発信することと思われがちだが、実は社員がよく見ている。

僕は社員が見ていることを意識し、「こういう人が新しく入ったよ」「今度こんなことをやろうと思っている」「こういった取材を受けた」などと伝えている。

広報に紹介された社員が、周囲から活躍を認められたり注目されたりすることもある。

その次に、他社の広報担当者とフォローし合うといい。

相手のアカウントをフォローすると、フォロー返ししてくれることが多い。

相手の投稿に「いいね」を押すと、相手も「いいね」をしてくれる。自分の投稿に「いいね」がつくと、人気アカウントとして認知され、フォロワーの増加につながる。

【一石三鳥】採用率、商談成功率、社員定着率が同時に上がるコツ

オフィスは自社のカルチャーを表現する最大のツールだ。

僕らのオフィスは大阪駅直結の商業ビル「グランフロント」にある。

店舗のような感覚でフィディアのエントランスゾーンに一般の人も入れるようになっていて、僕らの商品が多数展示されている。

「見えるベンチャー」をつくるのが僕の夢の一つだった。

常に開放的で、外から働いているところが見える。

エントランスゾーンは１５０㎡あり、椅子が50くらいあるフリーワークスペースだ。

よく一般の人も座っている。

５００㎡あるオフィスゾーンには社員証がないと入れないが、社員はエントランスゾーン、オフィスゾーンのどちらで仕事をしてもいい。

オフィスゾーンの中央には、ガラス張りの会議室がある。

10名がゆったり座れる会議室で役員会議をやっていても外からすべて丸見え。

これを見た取引先の人はみんな驚く。

こうすることで、フィディアのカルチャーが社内外に伝わり、面白そうな会社だと思ってもらえる。

当初、オフィスにかける予算は5000万円くらいと考えていた。

だが、CCOの井谷に僕らの希望を話すと、「2億円かかる」と言われた。

だが僕は確信していた。

「この場所で僕らのカルチャーを表現し、最高にクリエイティブな空間をつくるにはどうしても必要な金額だ」と。

出来上がったオフィスはカッコよかった。実際、評判もいい。

自分たちのカルチャーを表現するために、オフィスにお金をかけるのはコスパがいい。

なぜなら、**カッコいいオフィスは採用率を上げる**。

実は以前のオフィスもカッコよかった。改装に3000万円かけたが、その分入社してくれる人が十分に増え、採用費と考えれば破格のリターンとなった。

今回は2億円かかったが、毎年、数千人単位の面接をすることを考えると、最高の投資だ。おしゃれな空間は人の気持ちを高揚させる。

古い雑居ビルにあるイケてないオフィスより、ランドマークにあるクリエイティブな空間で面談したほうが気分いいし、「ここで働きたい」という気持ちを底上げしてくれる。

入社しようか迷ったとき、どこからでも通勤が便利、大阪駅直結で雨にも濡れずに出社できる、アフターファイブも楽しめるという条件が決定打になることがある。

同時に、**商談の成約率も上がる。**

ランドマークビル、クリエイティブなオフィス空間、カッコいい商談ブースや会議室が僕らの言葉をパワーアップさせる。

「この仕事をやりきる自信があります」と言ったとき、ボロボロの雑居ビルだと「本当に大丈夫か」と疑われるかもしれない。

でもカッコいいオフィスで「一緒にやりましょう」と言われたら、「任せよう」という気になるものだ。

さらに、**仲間の定着率も上がる。**

心地よく働けると、誰かに見せたくなる。

エントランスゾーンは誰でも入れるので、デートの待合せのカップルが座って待っていたり、社員の親御さんがきて僕らの製品を見ていたりすることもある。ベビーカーを押している人が手を振っていると思ったら、僕の奥さんだったこともある。

意外と知られていないが、主要ターミナルにオフィスがあると、**交通費が劇的に下がる。**

主要駅はどの路線からも行きやすい。乗り換えが発生する場所は余計に交通費がかかる。

たとえば片道200円、往復400円だと、20日で8000円高くなる。

従業員が100人いたら月80万円高くなる。80万円あったら、もっといい場所にオフィスを借りることもできるだろう。

唯一足りない「最強最高人材」にどうやってきてもらうか

入社してもらいたい人には、まずオフィスを見てもらう。

最強で最高の会社をつくりたいとやっきになっていた頃、「自前ですべてできる会社」に足りないピースが、ウェブ広告での最強最高人材だった。

そこでASP（アフィリエイトサービスプロバイダー）の年間表彰パーティに出かけた。

ＡＳＰの役員と仲がよかったので、「今日はすごいアフィリエイターさんはきていますか？」と聞くと、「あの人が日本一です。月平均３０００万円の報酬をお支払いしています」と紹介してくれた。

月３０００万円、年間3億６０００万円の報酬をたった一人で稼ぐモンスターが前に触れた菅良平だった。僕は単刀直入に会社に誘った。

「僕の会社のマーケティング責任者になってくれないですか」

「今、一人でやれているので就職は考えていません」

「どうしても菅君の力が必要なんです」

「どうしようかな」

「一回会社にきてください。僕らのカルチャーがわかってもらえると思うんで」

そして、僕らの会社で役員を交えていろいろ話した。

菅の奥さんは、「一人でやっていたら、いつダメになるかわからないから組織でやるのもいいんじゃない」と言ってくれたそうだ。

そこで最初は週1回、5時間だけきてもらうことにした。

管はまずリスティング広告の運用事業を立ち上げた。

菅のところには一人でさばききれない仕事があったので、その一部を僕らに流してくれた。

菅の下に3人の社員が異動し、週1回指導を受けながら仕事を覚えていった。

3人は菅の指導をどんどん吸収し、僕らのリスティング広告の売上はあっというまに月500万円を超えた。

すると、管は「週1日だともったいないですね。毎日きてもいいですか」と言ってくれた。毎日1~3時間くらい菅の指導を受けると、月の売上が1400万円になった。

1年ほど指導してもらい、互いのことがわかってきたので僕らは「菅君、役員として入ってくれないですか?」ともう一度お願いすると、

「そうですね。いいタイミングかもしれないですね。お世話になります!」

と言ってくれた。

菅が正式に入社した翌月、広告事業部の月商がいきなり**1億円を超えた**。

前月から6000万円以上、売上が一気に増えて驚いた。菅が個人でやっていた売上を全部フィディアにつけ替えてくれたのだ。

菅は「個人の会社と任された事業の2つを運営するのは気持ち悪いので、すべてフィデ

ィアにつけときました。ここからは広告事業部を伸ばしますね」

と言った。

自分の会社で自分だけが稼ぐより、自分の下で仕事をしている仲間の売上を上げてやりたい。給料を多くあげたいという想いで、全売上を部下の業績になるようつけ替えてくれたのだ。

そんな菅なので社員総会では、広告事業部全員が「菅さん」という「うちわ」を自主的につくって応援するくらい人気がある。

広告事業部は、社内で最も働きたい部署の一つとして常に人気上位で、菅は他部署の社員からも「今度ごはんに連れていってください」「釣りに連れていってくださいよ」と声をかけられている。

実際、菅は朝のミーティング、ランチ、夜のミーティングを事業部全体で行うなど一体感を常に大事にしている。

小学校からの幼なじみも菅を慕って入社した。

まさにフィディアのカルチャーを体現したような人物だ。

僕が事業責任者合宿で「うちの役員が最強で最高だ」とスピーチした後、菅も、「広告事業部のメンバーは最強で最高だ」

とスピーチしていた。

もちろん、僕へのオマージュで茶目っ気も含まれていると思うが、メンバーへの信頼は本心だろう。

そんな菅の期待を感じてか、今、フィディアで一番勢いがあるのが菅率いる広告事業部なのだ。

菅は僕らのカルチャーに共感してくれたからこそ仲間になってくれたのだと思う。

現在、フィディアの広告事業は年商25億円規模になっている。

僕らのカルチャーの中には、「**仲間とともに成長する**」がある。

次章では、仲間を成長させるために、実際、どんなことをしているかをお伝えしたい。

第４章

仲間を成長させる

1 日報と月報で努力の方向性を示す

日報はKPIの設定がすべて

社員一人ひとりを成長させるのが、仲間として重要だ。

事業は進めるプロセスがよくても、結果が出なければ失敗だ。

ビジョン、ミッションがどんなにすばらしくても、赤字が続けば事業の継続は難しい。

そこで僕らは日報・月報を活用し、**社員一人ひとりの粗利**を管理し、成長の指針としている（**図表2、図表3、図表4**）。

図表2と図表3は、広告事業部に所属する社員である井上卓也《いのうえたくや》の7月の**発生件数**と**発生報酬額**（**売上**）だ。

図表２　発生件数

発生件数																
状態	配信中	配信中	配信中	配信中	停止	配信中	配信中	停止	停止	配信中	配信中	停止	配信中	配信中	配信中	配信中
案件名	FX会社比較	FX比較-リタゲ	FX比較-サチタゲ	FX会社比較-アカウント1	FX会社比較	FX会社比較-アカウント2	FXチャットブースト	FX固定費	仮想通貨比較-1アカウント目	仮想通貨比較-1アカウント目	おすすめキャッシング-低品質KW	おすすめキャッシング-銀行系	おすすめキャッシング-低品質KW	おすすめキャッシング-高品質KW	おすすめキャッシング-銀行系KW	おすすめキャッシング(サチタゲ)
配信方法	YSA	YDA	YDA	GSN	MS検索広告	GSN	リタゲ	YSA	YSA	GSN	GSN	GSN	YSA	YSA	YSA	YDA
担当者	井上	井上	井上	井上	井上	井上	井上	井上	井上	井上	井上	井上	井上	井上	井上	井上
7.1(土)	8	1	-	20	-	-	-	-	2	7	-	-	-	-	-	2
7.2(日)	7	-	-	14	-	-	-	-	2	-	-	-	-	-	-	3
7.3(月)	14	1	1	17	-	-	-	-	5	10	9	-	-	-	-	5
7.4(火)	8	2	1	23	-	-	-	-	3	13	5	-	-	-	-	3
7.5(水)	10	-	-	18	-	-	-	-	4	28	7	-	-	-	-	1
7.6(木)	5	-	-	21	-	-	-	-	5	13	8	-	-	-	-	1
7.7(金)	2	-	2	16	-	-	-	-	2	14	4	-	-	-	-	1
7.8(土)	10	-	-	19	-	-	-	-	3	21	6	-	-	-	-	1
7.9(日)	4	-	-	17	-	-	-	-	7	14	10	-	-	-	-	2
7.10(月)	6	-	-	21	-	-	-	-	5	25	9	-	-	-	-	2
7.11(火)	5	1	-	22	-	-	-	-	17	31	11	-	-	-	-	1
7.12(水)	9	-	-	25	-	2	-	-	10	13	5	-	-	-	-	2
7.13(木)	8	1	-	15	-	-	-	-	9	23	14	-	-	-	-	2
・・・																
7.20(木)	8	-	-	29	-	-	1	-	-	26	22	-	13	-	-	-
7.21(金)	5	-	1	28	-	-	-	-	-	9	17	-	7	1	-	-
7.22(土)	6	-	1	14	-	-	1	-	-	14	14	-	10	1	-	-
7.23(日)	11	-	1	19	-	-	1	-	-	14	12	-	10	1	-	-
7.24(月)	7	-	1	9	-	-	-	-	-	18	18	-	14	-	-	-
7.25(火)	5	-	1	21	-	-	1	-	-	7	32	1	23	4	1	1
7.26(水)	5	-	-	22	-	-	1	-	-	1	32	-	11	-	-	1
7.27(木)	4	2	-	13	-	-	1	-	-	3	24	-	15	1	-	1
7.28(金)	-	-	-	18	-	-	-	-	-	3	19	-	16	4	-	2
7.29(土)	4	-	-	18	-	-	-	-	-	-	19	-	4	3	-	-
7.30(日)	5	4	-	15	-	-	-	-	-	1	27	-	10	2	1	5
7.31(月)	7	-	-	18	-	1	-	2	-	1	30	-	5	6	-	2
合計	211	16	13	591	1	4	10	2	101	457	411	1	209	23	2	49
	2102															

図表3　発生報酬額（売上）

（単位：円）

発生報酬額（売上）																
状態	配信中	配信中	配信中	配信中	停止	配信中	配信中	停止	停止	配信中	配信中	停止	配信中	配信中	配信中	配信中
案件名	FX会社比較	FX比較ーリタゲ	FX比較ーサチタゲ	FX会社比較ーアカウント1	FX会社比較	FX会社比較ーアカウント2	FXチャットブースト	FX固定費	仮想通貨比較ー1アカウント目	仮想通貨比較ー1アカウント目	おすすめキャッシングー低品質KW	おすすめキャッシングー銀行系	おすすめキャッシングー低品質KW	おすすめキャッシングー高品質KW	おすすめキャッシングー銀行系KW	おすすめキャッシング（サチタゲ）
配信方法	YSA	YDA	YDA	GSN	MS検索広告	GSN	リタゲ	YSA	YSA	GSN	GSN	GSN	YSA	YSA	YSA	YDA
担当者	井上	井上	井上	井上	井上	井上	井上	井上	井上	井上	井上	井上	井上	井上	井上	井上
7.1（土）	327,723	34,286	-	992,879	-	-	-	-	14,220	76,672	-	-	-	-	-	27,496
7.2（日）	254,917	-	-	697,150	-	-	-	-	16,670	-	-	-	-	-	-	35,691
7.3（月）	597,348	49,500	36,000	795,797	-	-	-	-	38,866	106,734	102,461	-	-	-	-	56,096
7.4（火）	323,888	104,500	49,500	1,068,159	-	-	-	-	23,670	117,044	61,006	-	-	-	-	33,596
7.5（水）	343,735	-	-	827,350	-	-	-	-	34,813	217,757	87,257	-	-	-	-	10,500
7.6（木）	224,202	-	-	1,021,164	-	-	-	-	36,197	100,511	89,157	-	-	-	-	12,596
7.7（金）	101,020	-	99,000	754,499	-	-	-	-	12,527	93,998	50,804	-	-	-	-	10,500
7.8（土）	431,772	-	-	829,597	-	-	-	-	18,791	160,838	75,304	-	-	-	-	12,596
…																
7.23（日）	469,791	-	49,500	928,590	-	-	37,674	-	-	80,183	183,857	-	170,900	12,000	-	-
7.24（月）	279,388	-	40,000	453,509	-	-	-	-	-	129,370	311,857	-	207,809	-	-	-
7.25（火）	240,223	-	25,710	977,970	-	-	49,014	-	-	41,585	487,426	10,800	363,713	60,109	11,700	12,596
7.26（水）	261,531	-	-	1,093,985	-	-	37,674	-	-	6,714	495,570	-	163,809	-	-	10,500
7.27（木）	166,531	104,560	-	594,885	-	-	37,674	-	-	9,230	359,522	-	203,665	24,375	-	12,596
7.28（金）	-	-	-	829,465	-	-	-	-	-	9,230	315,761	-	239,809	85,125	-	35,500
7.29（土）	211,020	-	-	839,265	-	-	-	-	-	-	299,761	-	80,000	38,368	-	-
7.30（日）	257,041	157,071	-	713,957	-	-	-	-	-	20,644	451,713	-	167,952	36,109	10,800	58,787
7.31（月）	329,712	-	-	826,265	-	48,345	-	800,000	-	1,950	439,331	-	75,952	108,593	-	25,191
合計	9,336,986	722,203	575,710	27,999,724	55,000	193,380	434,074	800,000	733,403	3,504,568	6,232,957	10,800	3,194,931	388,145	22,500	598,015
	54,802,395															

図表４　粗利額と粗利率

(単位:円)

粗利額と粗利率					
担当者			井上		
	発生件数	発生報酬額	広告費	粗利額	粗利率
7.1(土)	40	1,473,274	1,227,942	245,332	16.65%
7.2(日)	26	1,004,427	992,270	12,157	1.21%
7.3(月)	62	1,782,801	1,438,282	344,519	19.32%
7.4(火)	58	1,781,363	1,336,834	444,529	24.95%
7.5(水)	68	1,521,410	1,362,459	158,951	10.45%
7.6(木)	53	1,483,826	1,336,734	147,092	9.91%
7.7(金)	41	1,122,349	1,179,150	-56,801	-5.06%
7.8(土)	60	1,528,897	1,394,542	134,355	8.79%
7.9(日)	54	1,302,276	1,273,676	28,600	2.20%
7.10(月)	68	1,615,915	1,420,017	195,898	12.12%
7.11(火)	88	1,855,237	1,424,184	431,053	23.23%
7.12(水)	66	1,982,909	1,548,651	434,258	21.90%
⋮					
7.23(日)	69	1,932,495	1,818,213	114,282	5.91%
7.24(月)	67	1,421,932	1,425,261	-3,329	-0.23%
7.25(火)	97	2,280,846	1,747,524	533,322	23.38%
7.26(水)	73	2,069,783	1,656,704	413,079	19.96%
7.27(木)	64	1,513,038	1,477,746	35,292	2.33%
7.28(金)	62	1,514,890	1,676,707	-161,817	-10.68%
7.29(土)	48	1,468,414	1,474,018	-5,604	-0.38%
7.30(日)	70	1,874,073	1,598,892	275,181	14.68%
7.31(月)	72	2,655,339	1,831,427	823,912	31.03%
合計	2,101	54,802,395	46,702,225	8,100,170	14.78%

井上はFX比較、仮想通貨比較、おすすめキャッシングなどのアフィリエイト広告を担当しているが、その発生件数と発生報酬額（売上）が毎日更新され、月ごとにまとめられている。

図表4は、発生報酬額（売上）から広告費（原価）を引き、粗利額と粗利率を算出したものだ。たとえば7月1日は次のようになる。

発生報酬額（売上）１４７万３２７４円－広告費１２２万７９４２円＝粗利額24万５３３２円（粗利率16・65％）。７月の合計は最下部にまとめられている。

発生報酬額（売上）５４８０万２３９５円－広告費４６７０万２２２５円＝粗利額８１０万１７０円（粗利率14・78％）。

これにより、自分が毎日（毎月）どれだけ粗利額に貢献したか、**一目でわかる。**

上司は日報の数字を見ながら、「この案件の粗利額が下がっているが理由は何？」「改善策を教えて？」と声がけを行い、改善してもらう。

日報を管理する場合、目標達成のカギとなる**ＫＰＩ（重要業績評価指標）の設定**が重要だ。社員一人ひとりに、「この数字を追いかけてほしい」と具体的に示す。

たとえば、デザイナーならＬＰ（ランディングページ）での購買率をＫＰＩとし、「あなたがつくったＬＰの成約率は〇×％」と示す。

ＫＰＩをきちんと示せば、社員は日々改善しようと努力してくれるものだ。

ジェフ・ベゾスに直接連絡したワケ

日報、月報の肝は**何をKPIとするか**だ。

だが、これは結構難しい。ある程度の試行錯誤が必要だ。

意外なＫＰＩとしては、化粧品事業での**アマゾンの低評価レビュー削除率**があった。

アマゾンの場合、低評価のカスタマーレビューがあっても、その内容が自社の責任でなければ削除してもらえることがある。

たとえば「商品の到着が遅かった」というのは商品ではなく配送が悪い。

また「商品パッケージが破損していた」というのも、納品時の検品でＯＫなら倉庫か配送時の取り扱いに問題があるので、これらは削除してくれるケースが多い。

そこで**低評価レビュー削除率**（アマゾンに書き込まれた低評価レビューを月に何％削除できたか）をＫＰＩに設定して追いかけてみた。

低評価が減れば商品の評価が相対的に高くなり、後からそれを見たお客様に購入していただけるので売上がアップする。

低評価レビュー削除率が高い担当は優秀だ。

なかには「よく消せたな」というレビューもある。一回の連絡では消せなかったが、「50回連絡したら消せた」という執念の削除もある。

僕らは毎日アマゾンの担当者に連絡しているが、アマゾン側の担当は一人ではない。その日に連絡を受けた担当者が「確かにこれはよくない」と判断すれば消してくれる。だから粘りは大事だ。

以前、低評価レビューがなかなか削除されないことがあった。

そのとき、アマゾン創業者のジェフ・ベゾスに連絡してみた。その顚末はこうだ。

ある日、「液漏れしていた」「使ったら肌が荒れた」など僕らの化粧品の低評価レビューが40くらい同時に書き込まれた。

低評価レビューを書き込んだアカウントを調べるとライバル会社で、その日に自分たちの化粧品に高評価レビューを数百も書き込んでいた。

あまりにも不自然なのでアマゾンに「低評価レビューを消してほしい」と連絡したが、さっぱり対応してくれない。担当者が何日もアマゾンに連絡したが、なしのつぶてだった。

そこで真っ向勝負でジェフ・ベゾスに「あまりにもおかしい」と連絡した。

すると**すぐ消えた。**

僕らの低評価レビューだけでなく、相手の高評価レビューも消え、その会社は偽レビューを繰り返したことにより退店になっていた。

こうした地道な戦いが売上につながる。

僕らが大手メーカーより売上をつくれる理由はここにある。

地道な雑草取りのような低評価レビューの削除というKPIの上昇に命を賭けると、売上が上がる。

大手はこんなことはやらない。

もし僕らが大手メーカーのコンサルについたら、アマゾンでの売上を数倍にできる自信がある。

「新規顧客獲得率」より「継続率」

逆に、**長らく追いかけたKPIが間違い**だったこともある。

以前、アマゾンレビュー数の増加に情熱を燃やした時期があった。

とにかくレビューが増えたほうがいいと考え、レビュー数を日報に記録した。

しかし、これは芯をくったKPIではなかった。

レビュー数を増やそうとすると、星3つが大量に増える。

レビュー平均が3に近づいていくと、後からレビューを見た人の購買意欲は上がらない。

レビューは量ではなく質。いかに高評価の5を増やし、低評価の1を消すかが大事だ。だから前述のような低評価レビューの削除は大いに意味がある。

また、僕らはパーソナルジム事業（LIFE-MAKE PERSONAL）も行っているが、新規顧客数をKPIとし、トレーナーの日報で「新規顧客獲得**数**」と「新規顧客獲得**率**」を追いかけ続けてもらった。

だが、これは間違いだった。

一定期間に一人のトレーナーが対応できるお客様数は限られている。

日報で新規顧客獲得数を追いかけると、既存顧客に「週3回入りたい」と言われても、それを2回にして新規顧客のために枠をつくろうとしてしまう。

そのため、既存顧客の満足度が下がり、退会してしまった。

この反省から、**「既存顧客継続率」**を新たなKPIとして定めた。

すると、接客の**質**が上がった。

とことんお客様に満足してもらうことを考えたトレーニングに変わり、お客様は「来月も続けよう」と継続してくれた。

すると、既存顧客の退会が減って売上が上がるようになった。

営業利益を最大化していくのが事業の生命線だ。

これを新規顧客獲得で行うか、既存顧客継続で行うか長年試行錯誤してきたが、パーソナルジム事業に関しては**「継続率」こそ最重要課題**だとわかった。

自然と「日報」が盛り上がるしくみ

日報は2005年の創業当初から継続している。

実はヤマダデンキ（当時はヤマダ電機）に勤めているとき、毎日の終礼でパソコンやデジカメの販売数とセット率を報告した。

パソコンを10台売ったら、プリンタも5台売るという「セット率5割」がノルマだった。日報で数値を管理すると、競争意識が芽生える。周囲のライバルや過去の自分との戦いも生まれる。「あの人は○台売ったが、自分は×台だった」「昨日は○台だったが、今日は△台だった」とわかると励みになる。

僕らの会社の日報は、画像データとしてＬＩＮＥグループで送られてくる。

他のアプリだと画像を見るにはダウンロードしなければならないが、ＬＩＮＥならクリックすればすぐ見られる。上長は部下の日報を毎日確認して分析し、声がけする。

また、そのＬＩＮＥグループには、同じ事業部のメンバー、事業責任者の他にＣＥＯの僕、ＣＯＯの中川、ＣＦＯの中嶋も入っているので、社員の成果が役員にも伝わる。

たまに事業責任者が「Ａさんすごい。今月の粗利が１０００万円超えている！」とコメントするとＬＩＮＥでお祭り騒ぎになる。

自分の頑張りが日々共有されているのはとても大切なことだ。

2 毎月「〇〇」を送ると自動的にモチベーションが上がる

みんなが「早く昇進したい」と思うしくみ

僕らの会社で少し変わったしくみといえば、毎月一回、全社員にチャットワークを通じて**組織図**を送っていることかもしれない。

最初に始めたのは人材事業（エヴァンド）だった。

当時、人材事業の社員数は１０００人ほどだったが、現場の社員から「自分の上司は誰なのか」「昇進すればリーダーや主任になれるのか」という疑問の声が増えていた。

そこで月に一度、フィディアの**全社員向け**に組織図を送ることにした。

すると、社員が組織全体を把握できるだけでなく、「早く課長になりたい」「将来は役員になりたい」という意識が生まれてきた。

ここで大事なポイントがある。

組織図を送信するだけではなく、**昇進した人を赤字で表示**したり、**見出しに「○○さんが課長に昇進しました」**と書いたりすると、チャットワークのリアクション機能を使って「いいね」「おめでとう」などがつけられる。

みんなが昇進を称え合うことで喜びが共有され、自分も昇進したいという前向きな気持ちになるのだ。

「昇進したくない人」も尊重する組織づくり

役職の昇進は目標として重要だ。

僕らは社員が昇進したいと思える組織をつくりたい。

一般的に昇進したくない（管理職になりたくない）人は時代の流れで増えているかもしれない。

だが、組織を引っ張っていくリーダー層を歓迎するカルチャーは大切だ。

ただ、昇進したくない人が仕事に前向きでないわけではない。彼らにはリーダーについていこうというフォロワーの気持ちがある。

組織の中にはリーダーシップを発揮する人もいれば、メンバーシップを発揮する人もいる。それを十分考慮した組織をつくりたい。

3 人事評価制度で評価の基準を示す

求める能力と評価基準、報酬のルール

徐々に組織が大きくなるにつれ、「どうやったら役職が上がりますか」「どうやったら給料が上がりますか」という質問が増えてきた。

その背景には、それまで僕ら役員が感覚で昇進・昇給を決めてきたことがある。

社員数が少ないときには個別にコミュニケーションが取れていたので、「今年は頑張ったからこの人は1万3000円昇給」「期待よりやや低かったから4000円昇給」と評価できたが、組織が大きくなると、責任者一人ではマネジメントできなくなった。

社員からは「何をどう頑張ればいいかわからない」「きちんと評価されているかわからな

い」という不満が出るようになり、モチベーションの低下につながってしまった。

そこで求める能力や評価基準、報酬に対し一定のルールを設け、人材マネジメントの効率性と公平性を高めることにした（図表5）。

具体的には、評価制度、等級制度、報酬制度から構成される新制度を導入した（図表6）。

等級制度とは社員を分類し、格付けることで、評価や報酬を決定する基準だ。

等級は上位層（P2、P1）、一般職・中堅層（G5、G4）、一般職・若手層（G3～G1）から成り、それぞれに求められる能力を**図表7**のようにまとめている。

昇降格時期は原則年一回とし、評価結果に基づき候補者を選出。その後、各自のポテンシャルや組織状況などを勘案したうえで昇降格の可否を最終判断する。

等級により評価の観点は異なる。それぞれ数値化し、S、A、B、C、Dで5段階評価する（図表8）。

このように求められる能力や評価基準、報酬に対し一定のルールを設け、人材マネジメントの効率性と公平性を高め、役職や報酬を決めている。事業部ごとに多少のアレンジはあるが、基本、11事業すべて共通の制度で運営している。

図表5　グループ人事制度導入の背景・目的

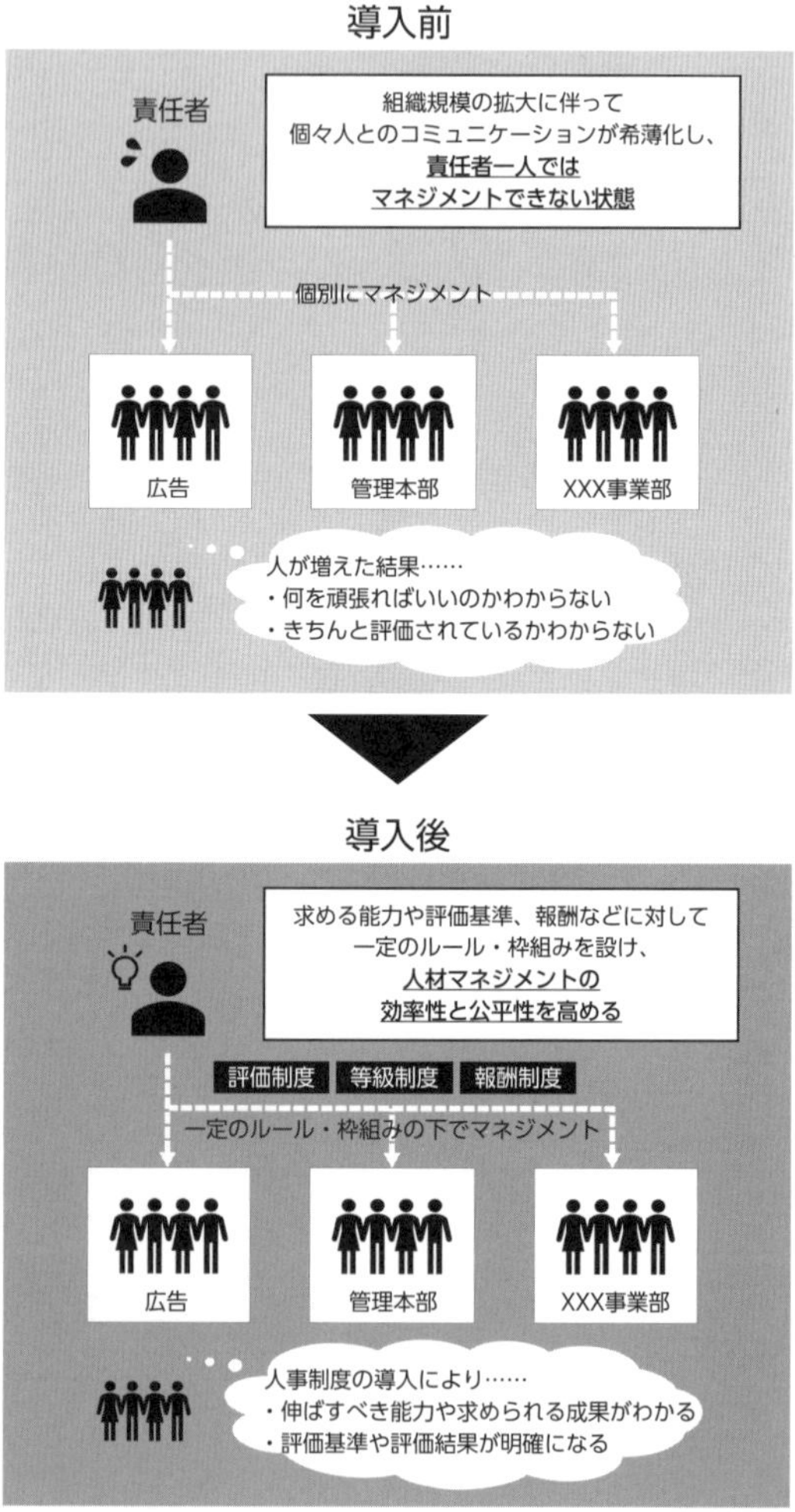

人材マネジメントの効率性と公平性を高めるものとして人事制度を設計し、グループ全体に導入

図表６　人事制度の全体像

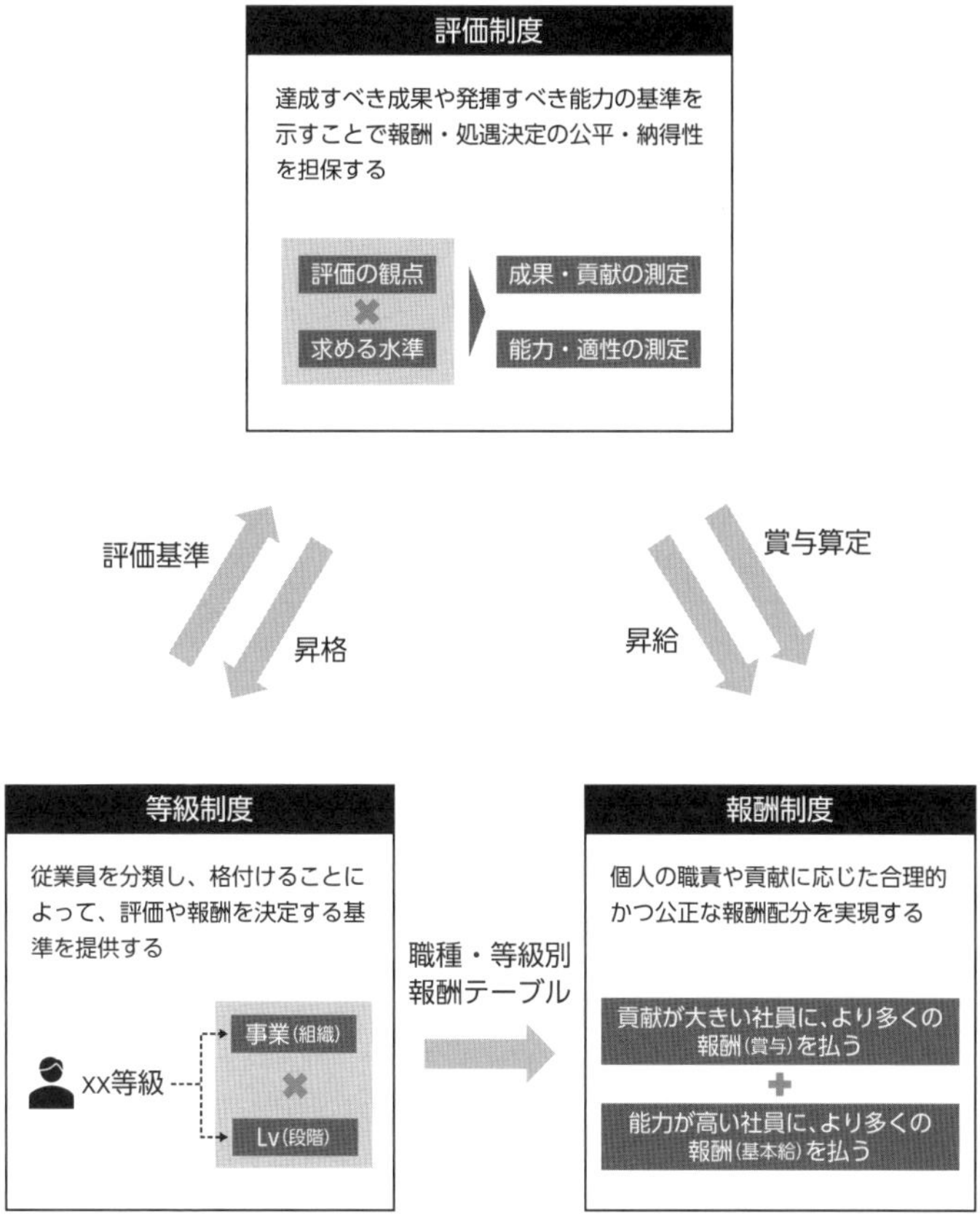
評価制度
達成すべき成果や発揮すべき能力の基準を示すことで報酬・処遇決定の公平・納得性を担保する
評価の観点
求める水準
成果・貢献の測定
能力・適性の測定
評価基準
昇格
賞与算定
昇給
等級制度
従業員を分類し、格付けることによって、評価や報酬を決定する基準を提供する
XX等級
事業(組織)
Lv(段階)
職種・等級別報酬テーブル
報酬制度
個人の職責や貢献に応じた合理的かつ公正な報酬配分を実現する
貢献が大きい社員に、より多くの報酬(賞与)を払う
能力が高い社員に、より多くの報酬(基本給)を払う

	等級	志向性	思考力	実行力	関係構築力
一般職・若手層	G3	【自らの可能性を広げる】 自身の担当業務において、今まで経験していない業務・機会に対しても、積極的に関わることができている	【本質を磨く】 ある程度複雑な現象について表面的な部分と本質的な部分の切り分けを行い、それぞれに対する課題等が整理できている	【業務を完遂する】 自身の経験したことがある業務は、上司の指示・管理がなくても正確に実行することができている	【信頼関係を築く】 困っているメンバーに気づいて適宜サポートするなど、チーム内で良好な信頼関係を築き、効果的に自業務に活かすことができている
	G2	【主体性を活かす】 自分自身の能力向上や業務遂行のために、まわりのメンバーにアドバイスを求めながら、新たな目標に挑戦できている	【本質を見つける】 抽象的なテーマやわかりにくいことについて、自身の業務に関連するテーマであれば、自分なりの言葉に置き換えて解釈することができている	【正確に遂行する】 上司からの指示を迅速かつ正確に遂行することができている	【周囲とつながる】 同僚・先輩・直属の上司に対してできる限り声をかけて、自分の役割をまっとうするために十分な関係構築ができている
	G1	【主体性の基礎を築く】 自分自身の能力向上や業務遂行のために、まわりのメンバーにアドバイスを求めることができている	【考え抜く・答えを出す】 テーマや課題が非常に平易なものであれば、自分なりの答えを出すまで考え抜くことができている	【迅速に行動する】 上司からの指示を迅速に実行に移すことができている	【自ら認知を広げる】 同僚・先輩・直属の上司に対してできる限り声をかけて、チームメンバーの一人として関係構築しようと努力できている

＜導入の効果＞人事評価制度で隠れたスーパースターを発掘

人事評価の「見える化」により、社員の昇進・昇給の納得感が生まれたが、実はそれに勝るとも劣らないメリットがもう一つあった。

今まで気づかなかった、“隠れた優秀社員の発掘”にもつながったのだ。

約2500人にこの制度を導入してみると、これまで会社側が見落としていた「あれ、こんな優秀な社員がいたのか」という瞬間に直面する。

これは当初から狙っていたわけではないが、思ってもみない「副産物」だった。

一律に数字で評価されると、比較が容易になる。これにより社員の納得感も上がり、会社としても隠れたスーパースターの発掘につながる。人事評価制度には一石二鳥の効果がある。

図表７　７つの等級に求められる能力

	等級	志向性	思考力	実行力	関係構築力
上位層	P2	【会社の未来の旗手となる】会社としてこれまでに経験したことがないようなほど複雑で不確実な状況であっても、中長期的な会社の成長に向けて、一貫した取り組み・挑戦を続けることができている	【未知をなくす】無数の要因が入り乱れて発生した現象について、その原因がまったく見えにくい状況や、情報がまったくない状況でも、これまでの経験から本質を見抜くことができている	【未来に向けて、会社を動かす】会社の業績に大きな影響を与えうる事象やリスクを見通し、まだ顕在化していない、高い専門性を要する複雑で困難な課題や問題に対しても、全社で達成するためのロードマップを描き、迅速に実行に移すことができている	【会社をつくる】全社レベルの戦略や目標達成に向け、部を横断してメンバーの動機づけや統率を行うことができている
	P1	【信念に基づく、一貫した努力】中長期的な取り組みが必要で、困難を極める状況であっても、揺るぎない信念を持ち、一貫した努力を続けることができている	【未知を推理する】複雑性が非常に高い現象について、その原因がまったく見えにくい状況でも、わずかな情報を頼りに本質を見つけ出すことができている	【組織を動かす】会社の業績に大きな影響を与えうる事象やリスクを見通し、複雑で困難な課題や問題に対して組織で達成するためのロードマップを描き、迅速に実行に移すことができている	【組織をつくる】部レベルの組織や関連業務領域における戦略や目標達成に向け、組織のメンバーの動機づけや統率を行うことができている
一般職・中堅層	G5	【自ら動き、周囲を巻き込む】解決が困難に思える潜在的な課題や問題に対して自身が率先して挑むとともに、周囲にも挑戦を促すことができている	【未知を読み解く】複雑性の高い現象について、これまでの経験ではその因果関係を特定できない状況下でも、経験や直感だけに頼らず客観的な視点で分析し、構造化することで本質を見つけ出すことができている	【最先端を使いこなす】関わる専門領域における最先端・有用な情報を把握し、自身の知識体系として活用しつつ、チームメンバーがそれらを習得するための十分な支援もできている	【チームをつくる】チームや関連業務領域におけるメンバー全体の連携やモチベーション向上のための施策を打ち出すことができている
	G4	【困難に立ち向かう】自身の能力以上の成果が求められ、かつある程度、責任が問われるような課題や問題に対しても、挑戦して成果を出そうとする姿勢が取れている	【構造を読み解く】複雑性のある現象について、原因が複数存在して不明瞭な場合でも、その結びつきの要素を分解して構造的にとらえることができている	【会社の技術を使いこなす】部署として蓄積されている知識体系やマニュアルなどを改善して進化させることができている	【仲間を支える】チームメンバー個々人の業務や悩みなどを把握しており、個別に適切なサポートができている

図表8　数値化された5段階評価

個人能力評価	
評価基準目安	評点
S:どのような場面でも完璧にできている(90~100%)	5
A:ほとんどの場面で一定程度以上できている(70~89%)	4
B:場面によってはある程度できている(50~69%)	3
C:一部できている(30~49%)	2
D:ほとんどできていない(0~29%)	1

「見える化」して変わったこと

人間誰しも昇進・昇給は上司の感覚で決められたくない。「見える化」してほしいと思っているはずだ。

人事制度を「見える化」して以降、「思考力の部分は80％できている」「実行力の部分が60％しかできていない」と上司・部下で共有でき、昇進・昇給についても納得感が生まれるようになった。

何をどう頑張れば役職が上がるのかがわかると、個人の裁量が入る余地は少なくなる。

制度は社員を管理するしくみだが、会社から社員一人ひとりへのメッセージでもある。

何をどう頑張ってほしいのか、何に報いるのかを明確化することで、互いに迷いなく最適な行動を取れるようになる。

4 新卒の相談相手「メンターシップ制度」とは？

「新卒早期退職者」を防止する秘策

僕らの会社には、**メンターシップ制度**がある。

メンター（相談役）は新卒を育成する役割で「役職」になっている。

メンターの上司であるリーダーが入社2～3年目社員の中から「相手の気持ちになって話を聞ける人」「会社のことを理解している人」をメンターに指名する。メンター一人で3～6人の新卒の面倒をみる。

メンターは新卒とランチしたり、お茶したりしながら相談に乗る。会社からはメンターと新卒にそれぞれ一回当たり500円を支給していて、「早くメンターになりたい」という社員も多い。

このメンターシップ制度により、新卒は誰に何を相談すればいいかが明確になった。

この制度ができたきっかけがある。

ある時期、新卒の早期退職者が多かったので調査すると、3か月以内の退職が多かった。入社後すぐの4〜6月に辞めてしまうのだ。

採用数の多い人材事業（エヴァンド）では、1か月で30〜40人の退職者が出てしまったこともあり、「これは異常だ」と思った。

せっかく優秀な人材を採用したのに、わずか3か月で辞めてしまう原因は何か。

退職理由を調べると、「誰に何を相談していいかわからなかった」という声が多かった。聞きたいことは些細なことが多く、ちょっとした仕事の進め方、タイムカードの使い方、ロッカーの開け方などだった。なかには「上司に相談したら評価が下がると思い、相談できなかった」という人もいて、誰にも聞けずに悩みながら退職していた。

これは申し訳ない、すぐに直さなければと、メンターシップ制度をつくり、「わからないことはちょっとしたことでもメンターに相談して」「何もなくても定期的にメンターと話して」と伝えるようにした。

メンターには「なんでも聞いてきてほしい」と依頼し、勤務中のカフェでの会話もＯＫとした。すると新卒の話を聞くことで会社全体の空気がよくなった。

中途入社組の退職をどう防ぐか

悩んでいたのは新卒ばかりではない。転職者も同様だった。

転職者はある程度の社会人経験がある。特にエース級人材を採れたとホッとしていると、結構本人が孤立していたりする。

そのためにも「何かあったらこの人に聞く」という担当を明確にした。

課長として入社する人には部長、部長として入社する人には役員をメンターにした。

また、「ちょっとしたこと」を相談する役割として総務部員が日常的にフォローした。

転職者の意外な悩みとして、社内のゴミの捨て方など経営者がノーマークなことがある。

コミュニケーション力がある人は近くの人に「弁当の容器はどこに捨てたらいいですか」と聞けるが、なかには聞けない人もいるし、聞いた相手のリアクションが悪いとその後聞きづらくなることも多い。

「は？　そんなこともわからないの」が数回続くと、「辞めよう」という人も出てくる。年収1000万円の人を一人採用しようとすれば、300万～400万円かかる。「弁当容器の捨て方」で退職されたらつらいが、退職理由はほんの些細なことである場合が多い。だから転職者にも上職のメンターをつけるとともに、総務部員が「困ったことがあったらいつでも聞いてください」と声がけするのが大切なのだ。

5 合宿で会社の方向性を決める

合言葉は「やるからには天下を取るんじゃ」

フィディアの決算は毎年6月末締め。そして7月初旬に役員と各事業責任者およびそのナンバーツー、ナンバースリーの約40人で1泊2日の合宿を行う。

合宿では前期の振り返り（売上、営業利益の達成状況）と今期の計画（売上、営業利益の計画と根拠）を30分で発表する。

役員や他の事業責任者の前で発表すると、強いコミットにつながる。

発表した計画が新年度のロードマップになるので、事業責任者は合宿の3～4か月前から資料づくりを始める。

発表で重要なのは蓋然性《がいぜんせい》（確実性の度合）があること。

発表を聞いた人たちは数字の根拠を聞きまくる。仮に根拠の乏しい数字を示したら厳しく追及されるだろうが、実際には事業責任者は誇りを持って右肩上がりの数値目標を出し、その明確な根拠を示してくる。

フィディアは毎年、前年比30％以上の売上目標を必ず立てる。それを達成するには各事業部も前年比30％以上の売上目標を掲げ、そこに強いコミットを宣言して新年度が始まる。

合宿は事業責任者のプライドを賭けた戦いだ。

会社が18年連続成長しているのに、自らの事業部だけ成長しないのはカッコ悪い。常に自分も事業部も成長し、会社を支える存在でありたいと思っている。

各事業責任者は、「今年こそイルミルド（EC通販事業）を抜くぞ」「エヴァンド（人材事業）を抜くぞ」と燃えている。

そう考えているからこそ事業責任者になれる。成長を強く意識できる事業責任者でないと社員はついてこない。

事業責任者の合言葉は「**やるからには天下を取るんじゃ**」だ。

これは明治維新の頃、新しい国づくりの理想を掲げ、様々な事業が立ち上がる中で多くの人の合言葉だったという。とってもパワーのある言葉だ。

月例会が盛り上がり、業績が右肩上がりになる理由

合宿で発表された数字は、事業部ごとに月例会で追いかける。

合宿で発表した月ごとの数値目標に対し、〇％達成したか（未達か）を日報、月報を根拠に報告する。

目標を達成した場合、その理由を分析して再現性のある施策にまとめ、次月から継続していく。

未達の場合はその理由を分析し、次月からリカバリーする方法を発表する。よかった点を繰り返せばさらによくなり、悪かった点を修正して同じ過ちを繰り返さないようにする。

２０２２年の合宿で人材事業（エヴァンド）の責任者である石田は、「前期40億円だった売上を今期70億円にする」と明確な根拠を示しながらプレゼンし、周囲を驚かせた。具体的にどうやって30億円の売上アップを実現するかというロードマップを示していたからだ。

月例会でその数字を追いかけたが、石田は未達月の翌月はきっちり修正してくる。

たとえば8月の売上を97％にしたら、9月の売上を103％に修正する。

具体的にいえば、採用数を増やし退職数を減らすわけだが、各支社に具体的な採用数を指示し、退職者が出ないようメンターによる声がけを強化したりする。最終的に1年間の目標には99％とわずかに未達だったが、毎月の修正があってこそ目標数字に近づき、数字の見方やKPIもわかってくる。

すると合宿の年次計画もより研ぎ澄まされたものになる。

月例会には3～5人の役員が入る。

そして**自らの専門分野から違う角度のアドバイス**をする。これが貴重だ。

「私のネットワークで○○さんとつなぎましょう」

「静止画ではなく動画広告のほうがいいと思います」

「おもいきってキーマンを採用したほうがいいですね」など。

これにより一気に事業を伸ばすことができる。

場合によっては、他社の社長やコンサルタントに1回5万円くらいで入ってもらうこともある。

そこで事業報告を聞いてもらい、クリティカルなアイデアをもらう。

それによりインパクトのあるアドバイスをもらい、10％程度売上が伸びたこともある。

積極的に外部のプロに入ってもらい、総動員で事業を伸ばしていこうと思っている。

優秀なアドバイザーには定期的に月例会に入ってもらう。これも僕らの大きな成長エンジンの一つだ。

中核メンバーと合宿でつくった「ビジョン」と「ミッション」

役員や幹部が集まってビジョンとミッションをつくる（あるいはつくり直す）と、中核メンバーの成長にもつながる。

多くの企業では社長が一人で考えたり、外部のコンサルタントに依頼したりするケースがあるが、**会社を担っていく役員や幹部が自分たちで考え、言葉にしていくことに意味がある。**

僕らは3年かけて合宿や役員会議でフィディアのビジョンとミッションを考えてきた。

最初に「ワクワク」というキーワードが上がった。

ワクワクする商品・サービスをつくろう、ワクワクする事業をつくろうと話すと、社員がワクワクしていた。「ワクワク」が大きな原動力になっていることに気づいた。

3年かけて考えたビジョンはこうだ。


さあ、ワクワクを創ろう。


その他、ミッション、バリュー、行動指針もつくった。

11の事業責任者が自らつくったため、社員の納得感も高く、浸透も早かった。

社員はこのビジョンに沿い、エンジン全開で走ってくれる。

この熱意が取引先にも伝わり、先方から「御社と仕事をするとワクワクする」と言われるようになった。

中核メンバーで合宿し、ビジョンやミッションをつくるのは本当にお勧めだ。

顧客目線、社員目線、投資家目線のビジョン

納得度が高いビジョンをつくるとき、**顧客目線、社員目線、投資家目線**で考える。

三者が納得できるビジョン、ミッションが「三方よし」でいい。

多くの場合、顧客目線と社員目線で考えられても、投資家目線が抜けてしまう。

すると、顧客と社員は喜んでくれるが、会社に利益が残らない。

たとえば「海をきれいにしよう」だけでは利益は上がらない。それでは会社は存続できない。

反対に投資家目線しかないビジョンもある。

「業界ナンバーワンへ」「売上高世界一」などを掲げている会社があるが、顧客や社員満足につながっているか、十分考える必要がある。

ワクワクする友達と、
ワクワクする事業で、
ワクワクする世界を。

それぞれを解説するとこうなる。

・ワクワクする友達と、

ここに僕たちの採用ポリシーである、こんな人を採用したい、こんな人と働きたいという想いを込めている。互いに尊重し成長を助け、未来に向かって努力を継続できる。ウソを言わず、陰口を言わない人が友達だ。

・ワクワクする事業で、

この部分には、商品・サービスにかける想いが込められている。

売れるのはわかっているが、自分たちがワクワクしないプロダクトをつくっているとき、社内の空気は暗くなる。それを販売するのは心が躍らないのだ。

逆に自分が使いたい、家族や恋人にも使ってほしい自慢のプロダクトをつくっているときの空気は抜群にいい。これが顧客にも伝わり人気商品になる。

そんな人とプロダクトが集まってワクワクする事業になる。

もちろん投資家の方々にも還元できる。

・ワクワクする世界を。

ワクワクする事業を僕たちはコツコツ11個生み出してきた。

この事業が一つずつ増え拡大成長すれば、おのずとワクワクする世界に近づく。

ワクワクする人や、ワクワクする事業（商品・サービス）が増えれば、世界がワクワクすると思っている。

それが世界への貢献だと信じているのだ。

6 頻繁にスピーチしてコミットしてもらう

夢と目標を入社式で発表する理由

仲間を成長させる方法として**スピーチ**は重要なカギを握っている。

人前でスピーチしたことはコミットにつながりやすい。

どんな社員も仲間の前で「○○をやります」「○○を達成します」と言ったことはやり遂げようとする。

だから、フィディアでは様々な場面でスピーチが習慣になっている。

フィディアには、グループ採用の社員（内勤）と人材事業（エヴァンド）採用の正社員出向社員（外勤）がいる。毎年、内勤社員は10～20人採用しているが、入社式は社内の会議室で行い、役員、配属先の事業責任者が参加する。

入社式のスピーチは「○○をやります」という宣言方式で構成されている。

まず事業責任者は、自分たちが何を目指しているか、それに向かって何をしているかを伝える。

次に、僕はフィディアのビジョンとミッションを伝え、グループとして「○○をやります」と語る。

その後、新入社員に「会社で何をやりたいか」「どんな社員になりたいか」を2分程度で話してもらう。これはその場でいきなり話してというのではなく、「入社式の際、会社に入ってからの夢や目標をみんなの前で発表してほしい」とあらかじめ伝えている。

「私は将来、役員になりたいです」

「僕は、新規事業の立ち上げ責任者になりたいです」

など各自様々だが、役員や同期入社の前で宣言すると、それに向かって頑張るようになる。僕らの記憶にも残るから次に会ったとき、「なんで役員になろうと思ったの?」と話のネタになる。

人が行動するには夢や目標が必要だ。

そこで入社式で夢や目標を語ってもらい、それに向かって努力してもらう。「〇〇をやります」は中長期的なモチベーションとなるのだ。

このスタイルを始めて以来、内勤社員の退職者はかなり少なくなった。以前、「辞めたい」と言ってきた人に理由を聞くと、「何のために頑張っているのかわからなくなった」という声が少なくなかった。

「面白そうな会社」と思って入社したが、自分のやりたいことがわからなくなってしまったという人が多かったため、自ら「〇〇をやります」と発表してもらうようにした。

印象に残っているのは、「初の女性役員になります」と話し始めた鷹取令《たかとりれい》だ。会議室がドカンと沸いて全員が聞き入っていた。

魅力的なキャッチコピーから切り出し、スピーチの構成も練られ、会社HPをくまなく見てきたことが伝わった。

後から「めちゃくちゃしゃべりうまいやん」と話しかけると、大阪大学の英語ディベート大会優勝者だった。今は当社のグループ会社でアート作品の販売やアートイベント企画などの事業を行う「Artill（アーティル）株式会社」のメンバーとして活躍している。

スピーチは仲間との絆を深める重要スキル

第5章で触れる社員総会や社員旅行などのイベントでも必ずスピーチが行われるし、普段の飲み会でも誰かがスピーチすることになっている。

取引先と共同プロジェクトを実施するときには、事業責任者と取引先のキーパーソンとの食事会を開催する。

そこで僕から「○○さん、事業責任者としての意気込みを話してもらえますか？」と振ってみる。たいていスピーチの件は事前に伝えておくが、伝え忘れたときでもスピーチがあるのは恒例なのでみんなその場で話してくれる。

事業責任者が熱い想いでスピーチすると、取引先の人は「こんな想いでやってくれるのか」と好印象を持ってくれる。スピーチによって一人ひとりの想いや価値観を共有できる。スピーチは仲間との絆を深める重要なスキルだ。

口ベタな人でも、回数を重ねるうちに少しずつうまくなる。

そのためにも、**安心して話せる場**をつくる必要がある。役員は一人ひとりの話を率先して聞き、途中で遮ることはない。

7 役員のかばん持ちでビジネスセンスを磨く

ソフトバンクのエリート社員が転職してきたワケ

人間誰しもすぐそばにいる人の影響を受ける。環境とは恐るべきものだ。

もし新人から数年間、孫正義さんの近くで仕事ができたらビジネスセンスが大きく磨かれるだろう。

こうした発想から、すばらしい人材には早めに役員のかばん持ちをしてもらっている。

堀《ほり》尾《お》亮《りょう》太《た》は大阪大学在籍時のインターンから役員のかばん持ちをした。

堀尾は学生の頃から僕ら役員との会議や会食、新規プロジェクトなどに参加していた強者だ。

実はソフトバンクに内定していたが、「どこかのタイミングで転職する機会があったらフィディアを思い出して」と伝えていた。

役員に同行すると、ビジネスセンスやスキルが格段に上がる。

堀尾にプレゼン資料の作成を任せながら役員が随時アドバイスしていたら、クライアントのニーズを的確にとらえた資料をつくるようになった。

その後、ソフトバンクに就職した堀尾はソフトバンク内の事業立案大会で優勝し、報告にきてくれた。

「優勝できたのはフィディアの役員のみなさんが鍛えてくれたおかげです。そんなこんなでフィディアのことを考えていると、森さんや役員のみなさんともう一度仕事がしたい。フィディアで働きたい気持ちが強くなりました」

すると、その翌月には転職してきたのでびっくりした。

これもインターン時代のかばん持ちが効いたのかもしれない。

これは！　という人材を見つけたら、迷うことなく役員のかばん持ちをさせると誓った瞬間だった。

〝新卒1年以内退職者が直近20年間ゼロ!〟富士フイルムからの転職者

同時期にかばん持ちをしていたのが三輪昌徳《みわまさのり》だ。

三輪は新卒で富士フイルム(1934年創業)に就職していた。

驚いたことに当時、**富士フイルムでは新卒1年以内の退職者が直近20年間でゼロ**だったという。

ところが堀尾に続いて三輪もフィディアに転職してきた。

三輪が20年間で初めての退職者になったのだ。

三輪は「歴史に傷がつくからせめて1年だけ残ってくれ」と富士フイルムの上司に言われたが、関係者全員に筋を通し、「それだけの想いがあるなら仕方がない」と送り出された。

堀尾と三輪は、役員3人と入社以来半年間併走したので、普通の新卒とは成長カーブが違った。

ソフトバンクと富士フイルムでも期待の新人として評価されていたが、「より成長したい」という強い想いを持った2人は、とことん成長させてくれる職場で働きたいと思っていた。給料や会社の知名度ではなく、「自分自身が成長できる」「自分にとって尊敬できる心強い仲間がいる」ことが一番の報酬なのだ。

三輪は現在「Artill（アーティル）株式会社」の代表取締役だ。

ここではアートイベント企画事業として東京藝術大学を首席で卒業したアーティストを集めた美術展などを行っている。首席は年間数人しかいないが、その人たちにアプローチして契約している。

三輪は日本人だけでなく外国人との交渉にも長けている。

元々大阪大学出身で地頭がよいこともあるが、仕事で使うという理由で英語を勉強し、外国人と交渉できるまでの英語力を身につけた努力家でもある。

以前、京都の佳水園《かすいえん》という数寄屋風建築の旅館を貸し切り、佳水園初の個展を行った。透明なアクリル製の台座を独自に開発してアート作品を載せる。するとアート作品が佳水園の庭に浮いているように見える。

兵庫県の淡路島では、建築界最高の栄誉といわれる「プリツカー賞」を受賞した坂茂《ばんしげる》さん設計の唯一無二の建築物「禅坊《ぜんぼう》　靖寧《せいねい》」でも初の個展を行った。誰もが驚く会場で建物、空間の映える企画が三輪の真骨頂だ。

伸び盛りの大学生の頃に役員の仕事を間近で見ると、その後、とてつもない成長スピードで戦力になってくれる。

2人の成長に手応えを感じた僕たちは、最近は優秀な人と判断すると、できる限り役員のかばん持ちをさせるようにしている。

僕らの役員は数々の修羅場を乗り越えてきている。

ビジネスのセンスもスキルも抜群だ。半年間のかばん持ちで、判断が難しい会議や商談などを併走した新人は役員への憧れを持ちつつ、いろいろなことを学び、吸収し、猛烈なスピードで成長していく。

こんな環境は超大手企業でもなかなか用意してくれないだろう。

8 抜擢と、小さくて早い失敗

抜擢される人、されない人

優秀な新卒には、あえて高い役職の仕事をやらせることがある。これを「抜擢」と呼ぶ。

つまり、各事業部のナンバースリーレベルの仕事をいきなり任せるのだ。

前述の堀尾はソフトバンクにいたので、「100億くらいの事業は簡単につくれる」と豪語していた。正直、「現実味がない」と思いつつもいったん受け止め、事業計画を役員会で発表してもらった。

「なるほど。それで最初の予算はどこから引っ張ってくるの？」

「会社に出してもらいます」

「出せないよ。銀行もそんな大金は貸してくれないでしょ」

「最初の人員が20人だけど人件費は計算したの？　社会保険も入れたら一人30万円だから初月から600万円かかるけど予算は大丈夫？」

役員からの質問攻撃に堀尾は目を白黒させていたが、優秀な人には早く現実を見てもらったほうが成長する。

口で教えるのではなく、事業会議という正式な場で真っ当な批判をされることで大きな学びになる。抜擢は全社でしくみ化しているのではなく、将来役員になりえるポテンシャルを感じた人にだけ行っている。

11 事業あっても見るべきポイントはこの「3つ」だけ

抜擢の狙いは、早めに高い視座を身につけることだ。

自分が任された仕事をきちんとやりたい人は、自分の仕事がうまくいけば満足する。

自分の課をよくしたいという人は課長になる。

自分の部をよくしたいという人は部長になる。

そして、全事業をよくしたいという人は役員になる。役員になったから全事業を見るのではなく、全事業に貢献したいという目線の高い人が役員になる。

抜擢されて役員同士の会話を見聞きしたり、行動をともにしたりすると、自然と高い視座を共有できる。

この感覚を早めに身につけさせてあげたい。

抜擢ではないが、なかには1つ、2つ上の役職の上司との食事会や会議に参加してもらうこともある。課長だったら部長会議に、部長だったら役員会に参加してもらい、上のステージの仕事を体感してもらうのだ。

現在の役員は8人だが、次期役員候補（部長）を一人混ぜた役員会をすることもある。するとその部長は、役員はこんな話をしているのか、こういう角度で数字を見ているのかと実感する。


実は、事業で押さえるポイントは**3つ**しかない。

全部で11事業あっても、「ここだけ見るべき」なのは3つ。

集客数、成約率、客単価（ライフタイムバリュー：LTV）だ。

僕は4年間、引きこもり生活をしていたとき、100冊以上のビジネス書を読んだ。読めば読むほど、「あれ？　これって結局、集客の話だな」というように集客パターンが無数に手を替え品を替え紹介されていた。

チラシ集客、ウェブ集客、紹介、立て看板、電車広告、テレビ広告。結局、すべて「集客」に集約される。

同様に集客で集めたお客様に効率よく買っていただく「成約率」の方法も無数にある。キャッチコピー、お客様の声、製品紹介、ベネフィット、権威性、ストーリーなどすべてが「成約率」に分類される。

「客単価」もクロスセル（関連するものを買ってもらう）、アップセル（より高価なものを買ってもらう）、リピート、値上げ・値下げ、お一人様3個までなど同様だ。

それを意識しながら本を読み進めると、**「集客数」「成約率」「客単価」の3つ**に分類されてしまう。**それ以外の要素はゼロ**なのだ。

100年前のビジネスも100年後のビジネスも、この3つしかないと断言できる。

逆にいうと、**売上をつくるのは3つの要素しかない**のだ。

それを必要に合わせて最適化する。これが経営のコツといえる。

だから役員会議でも、集客数を増やすのか、成約率を上げるのか、客単価を上げるのかを徹底的に考える。

会社の売上を上げる方法は無限にあるが、客数がほしいのか、成約率を上げたいのか、客単価を上げたいのかと絞れれば、少なくとも打ち手は3分の1になる。

そのうえで予算を度外視して打ち手を出し、費用対効果が高そうな上位3つのアクションを地道に繰り返す。これが鉄則だ。

この考え方を身につけた社員は、その後役員の考え方に近づき、部長であっても役員のような仕事をしてくれるようになる。

小さく早く失敗させるコツ

早めに失敗させることも重要だ。

いきなり大きな失敗をされると、本人にとっても会社にとっても痛手なので、**小さな失敗を意図的に数回**させる。

時には僕が社員に伴走しながら仕事を進めることもあるが、「これは失敗するな」と思うことがある。だが、そこであえて「待った」をかけずに失敗させ、「なんで失敗したかわかる？」と問いかけてみる。これを3回くらい繰り返すと、失敗する前に自分で気づけるようになる。

以前、デザイナーに集客用LPの作成を依頼したことがあった。

担当者は大した調査もせず、自分の感覚でつくり始めたので「これは失敗しそうだな」と思った。でも、あえてそのままやらせてみた。

1週間後に完成し、実際に運用してみた。案の定、まったく予約が取れない。そこで「なんで失敗したと思う？」と聞いてみた。

最初は「キャッチコピーが弱い」「価格が高すぎる」などと表面的なことを言っていたが、じっくり考えたら調査不足だとわかる。

次第に担当者は悔しい気持ちが募り、次からは競合の分析や下調べに時間をかけてLPをつくるようになった。

以前は僕が「とにかく調査や分析を徹底して」と一つひとつ教えていたが、そうすると言われたことだけをやる〝作業者〟が増えてしまった。

自分の頭で考え実行する人を育てるには、まず「やってもらい」、時には「失敗してもらう」ことが肝要だ。

3000万円の損失で変更した育成方針

かつて役員である橋本雄一が大失敗したことがあった。

優秀な橋本だが、**3000万円の損失**を出してしまったのだ。

原因は相見積りを怠り、身近な実績の浅いコンサルタントに依頼。投資した金額がまるまる無駄になってしまったのだ。もちろんGOサインを出したのは僕なので、全責任は僕にある。

だが、橋本はこの失敗を自分のせいだと強く後悔し、なんとしてもリカバリーしようと懸命に動いてくれた。だが回収は不可能だった。

3000万円の損失は確定した。でも橋本はあきらめなかった。

橋本、吉田、石田の主事業である人材事業で、月間の営業利益を4000万円まで育て上げてくれたのだ。

会社に損失を出した分を絶対に取り返したいと必死に動き続け、本業で取り返してみせた。3000万円は一回の損失だが、「毎月」の営業利益で4000万円。まさに10倍返し以上だ。それくらい失敗というのは人にエネルギーと経験を与える。自分が失敗したことしか身につかないのだ。

後日、橋本と飲みに行ったときの余談がある。

「あのときは3000万も穴をあけて申し訳なかったです」

「いやあ、GOサインを出したのは僕やし、一番悪いのは僕やで」

「あのとき、森さんが3000万の穴をあけた直後に怒ることなく、『それよりも橋本さん、次の新規事業を考えてて、その責任者を橋本さんで考えてるんだけどどう思う？』と事業の説明をしてくれたんです。こんなことがあってもまだ僕に期待してくれてるんだなと嬉しかったです」

「そんなこと、あったっけ？　覚えてないわ。ハハハ」

「森さんは覚えてないかもですが、僕はめっちゃ嬉しかったんです。だから縁起でもないですが、もしフィディアがつぶれてしまったときは森さんの隣で『次はどんな事業やりますか？　僕が森さんの隣で必死に動きます』と言いたいんです」

と伝えてくれた。

カッコつけるわけではないが、僕は橋本にそんな粋なことを言った覚えはなかった。でも、橋本が僕に伝えてくれた粋なセリフは涙が出るくらい嬉しかった。

この３０００万円の失敗を機に、役員と育成について再考した。

結果、一人前に成長した人は数多くの失敗を繰り返していることに気づいた。

正直、それまでは一度も失敗したことのない完璧な人が優秀だと思っていた。だが、**「あんな失敗はもう2度としたくない」という人のほうが強い**とわかってきた。**悔しさが人を成長させる**のだ。

それからは、できるだけ早く小さな失敗を何回かさせる育成方針に変わった。

失敗させる対象社員は、役員が将来自分の右腕にしたい人。

許容する小さな失敗は、大きな損失につながらず、リカバリーに時間がかからないもの。

そして失敗したら、**役員と部下で一緒に振り返り**をする。

「なんでこの数字、上がらなかったと思う？」

「〇〇が原因ですかね」

「それもあるけど、実は××じゃないかな」

「確かに、そういうことかもしれませんね」

こうしたやりとりは、社員の記憶に深く刻まれ、一生忘れない。

将来的な成長を考えると、小さな失敗は投資効果として極めて大きいのだ。

9 仲間を成長させるルールとしくみ

責任と権限を委譲しすぎた失敗事例

僕らの会社では、課長はいくらまで予算を使っていい、部長は何人まで採用していいなど、課長、部長、役員などの役職ごとに許可なく実行できる範囲を明確にしている。

大きな決定権は役員が持つが、その他の意思決定は部課長でもできる。

これは人材事業（エヴァンド）を立ち上げたときにつくったルールだ。

その後、社員が数千人規模になってくると、権限を委譲して自律した組織にする必要が出てきた。

だが、権限を移譲しすぎて失敗したこともある。

以前、ある部署で社員全員にMacBookとiPadを導入した。

通常はMacBookを使用しているが、iPadがあるとプレゼンや打合せが行いやすい。

だが全員2台持つと経費がかかりすぎた。あらかじめデバイスは一人一台、いくらまで、必要に応じて部署でiPadを共有すると明文化しておくべきだった。

あいまいなルールではなく、具体的な金額まで決めておくほうがいい。

出張時に泊まるホテルのランクが高すぎて問題になったこともある。

そこでどんなケースが宿泊可で、どんなホテルに泊まるべきか考えた。

基本は当日移動、宿泊を伴う場合は、駅から徒歩10分前後、1万5000円以内のビジネスホテルと決めた。

責任と権限を委譲することで仲間との絆は深まる。だが、ルールはきっちり決めておく。

そして「任されている」「信頼されている」と思ってもらうことが大切だ。

一人ひとりが小さなタスクを担うしくみ

フィディアでは全社員が一つ以上の役割を担っている。

大目標はチーム全体で取り組むが、それを達成するために小さなタスクに分割し、担当者を決める。スポンサーを取る担当、ＳＮＳのフォロワーを増やす担当など小さな仕事でも主担当を任せる。これにより一人ひとりの役割が明確になり、小さなタスクを達成することで自信につながる。

社内では小さな委員を任せることもある。以前、清掃委員長を決めたことがあった。多くの社員から「〇〇さんのデスクがきれい」と言われている人がいたので清掃委員長をお願いした。仕事は勤務時間内に行ってもらう。

するとオフィスがとてもきれいになった。

前述のようにフィディアのオフィスには大きなエントランスゾーンがある。以前は自分のデスクに置けない小物などがエントランスに置かれ、雑然とした雰囲気になっていた。

しかし清掃委員長が「エントランスには取付設備以外は置かない」というルールをつくると、美しい空間が保たれるようになった。

かつてはエントランスに雑誌ラックが置かれ、多くの週刊誌があった。その中にはマンガや見出しが過激な週刊誌もあった。そこで清掃委員長が「美化の観点から雑誌は置かない」とルール化したのだ。

フィードバックとモチベーションの関係

プロジェクトやプレゼンなどが一段落したら、上司は部下に必ずフィードバックする。

上司は常に成果とプロセスの両方をほめる。

成果は直接ほめるだけでなく、「役員の○△さんがほめていたよ」と伝書鳩的に伝えるのも効果的だ。

部下の仕事のプロセスは、そばで見守ってきた上司が一番わかっている。

「結果的に採択されなかったけど、今回のプレゼン資料には情熱を感じた」「まとめの部分を何度も修正したから最終的にとてもよくなったね」などとほめる。

仕事が一段落すると、誰しもモチベーションが下がる。その時点でそれまでの仕事を振り返り、新たな目標を設定する。それがモチベーションを保つうえで重要なのだ。

企画書はつくり込むな

第1章で触れたとおり、僕は企画をつくり込みすぎるのが嫌いだ。

社員には「企画書はつくり込むな」「100点満点になるまで練り上げた分厚い企画書より、15点でいいから骨子だけ見せてほしい」と言っている。

時間をかけて締切間際に完成形を持ってくるのは最悪だ。

粗々でいいので、依頼されて3日以内に方向性だけでも示してくれると軌道修正しやすい。15点の企画書なら、みんなで軌道修正できる。つくり込みすぎてゴールから遠く離れてしまったら、肉づけの85点が無駄になる。

スピーディかつ数多い報連相（報告・連絡・相談）こそがいいものをつくる。

企画は一発で仕留めなくていい。

早い段階で見せてもらい、6、7回修正を加えると、的を射た提案になる。

特に資料をつくる際は「テキストベースで提出してほしい」とお願いしている。

パワーポイント（以下パワポ）だと論点よりデザイン性が気になってしまい、論点のズレに気づかなくなることがある。テキストベースなら「この内容を簡略化してほしい」と気軽に言えるが、つくり込まれたパワポだと言いにくい。

修正作業中に大幅な変更が必要になると、それまでの時間が台無しになる。

最初からテキストベースで全体を仕上げ、最後にパワポにまとめてもらうのが効率的だ。

「こうなったら失敗」と決めておく

社内では、あらかじめ「このプロジェクトはこうなったら失敗、こうなったら成功」と決めている。

「こうなったら失敗」というデッドラインを決めておかないと危険だ。

危険水域でプロジェクトをやめるには、**成功と失敗という2軸の設定**が必要だ。

僕らも以前は成功の一軸しかなく、「目標の33％達成」と報告をしていた。

だが33％は明らかに失敗だ。

そこで「こうなったら失敗」と数値化し、その数字を超えたらどんなことがあろうと、プロジェクトをやめることにした。

前述したアートフェアの開催予算は1億5000万円くらいかかるので、デッドラインを3か所くらい設けた。一つ目までにスポンサーを5社集め、1500万円（5社×300万円）集まらなければ失敗。次のステージには進まないと決めておいた。

最初にデッドラインを共有しておくと、プロジェクトが頓挫したり、リーダーが解任されたりしてもみんなの納得感が高くなる。

社内でおみやげを禁止した理由

社内では、おみやげ、誕生日プレゼント、バレンタインやホワイトデーなどの贈り物を禁止している。

どこかに出張したら、「部のみんなにおみやげを買わなければ」という強制的な空気に苦しめられるのは無駄だ。どの範囲まで渡すのか、お返しは何にしようと悩むのも無駄だ。

会社として禁止すれば、互いにラクな環境ができる。このルールは社員に好評だ。簡単にできて満足度が高い。

もう一つのルールは、取引先からもらったおみやげは休憩室に置いてシェアすること。

営業など取引先との関係がある人だけが贈り物をもらうのはよくないから、基本的にみんなでシェアする。僕自身、おみやげをもらうことが多いが、休憩室に置き、「早い者勝ちです」と全員のグループLINEにコメントしている。するとすぐになくなる。

テレワークで本当に生産性は上がるのか

業種によって賛否両論あるが、僕はテレワークで生産性が上がるとは思っていない。前日までに申請のない朝一突然のテレワーク希望は禁止にしている。

コロナ禍でテレワークが推奨されたが、フィディアの11事業中10事業で生産性が落ちた。最初の半年くらいはテレワークのよさが強調されていたが、その後、日報、月報の数字が明らかに落ちてきた。生産性が上がったのは人材事業だけだった。

人はまわりに人がいないと、集中して何時間も仕事を続けることが難しいように思う。テレワークだと周囲との連携も難しい。リアルで同僚がいたら「これできる?」「これどうやるの?」と気軽に聞ける。だが、テレワークでは時間を決めてオンライン会議に接続し、画面を見ながらやりとりするだけで30分くらい使ってしまう。

テレワークの8時間、リアルの8時間で生産性が高いのは明らかに後者だと個人的には感じている。

たとえば、甲子園を目指す高校野球のチームがあったとする。そこで各自が家で素振りをしたり、壁に向かって一人でキャッチボールや腕立て伏せをしたりするのと、同じ時間を使ってチームが同じ場所で練習をするのとではどちらが効率的だろうか。どちらのチームが甲子園に進む可能性が高いだろうか。僕が言いたいのはこういうことだ。

管理職はテレワークでもさほど生産性は変わらないかもしれない。だが、チームで連携しながら業務をこなす場合、まわりに仲間がいて、パソコン、プリンタ、8時間座れる机と椅子など仕事のしやすい環境が整っていたほうが生産性は上がる。

仕事は社員の成長につながる。だから成長する環境は会社が用意しなくてはならない。テレワークを無責任に推奨しながら、テレワークだとさぼる社員がいることを非難するのは経営者失格。働く環境を用意できていないということだ。

5年、10年を振り返ったときに、キャリアとして本人の財産になるのはテレワークではないと感じている。

ここまで「仲間を成長させるノウハウ」をお伝えしてきた。次章では、「**仲間との絆を深めるしくみ**」について語ろう。

第5章

仲間との絆を深めるしくみ

1 社員総会、社員旅行で感謝を伝える

なぜ、年一回、社員総会を行うのか

僕らは年一回、決算後の7月上旬に社員総会を行っている。

そこでは昨期の業績、今期の業績見込を共有する。社員にとっては全事業の業績や目指す方向性を知る機会になっている。

会場はグランフロント大阪。350人ほどの内勤社員が全国から集まり、外勤社員もオンラインで見守る。アカデミー賞のようにショウアップされた雰囲気を演出し、役員が司会者として進行する。

11事業ある中で、業績上位の3事業には特別なプレゼンの場が与えられる。

事業責任者が活気あふれる入場曲とともに登壇すると、仲間から大歓声が上がる。晴れ舞台のために、事業責任者はプレゼンをつくり込む。

あるとき、人材事業（エヴァンド）の石田は映画作品のようなプレゼンをつくり上げた。ミスターチルドレンの曲のイントロに乗せ、冒頭に幹部数名の名を出し、人材事業の歩みを語った。

札幌から仙台、東京、名古屋、大阪、広島、福岡まで7拠点すべてが黒字という実績を示しながら、各支店長を称えた。

最後にエヴァンドだけで２０００人以上いる社員の笑顔の写真を出し、「ありがとう。これからのエヴァンドをつくっていくのは君たちだ。もっと成長していこう！」と熱いメッセージで締めた。

石田のプレゼンを見て、泣いている社員が数十人いた。

プレゼンのとき、事業責任者は社員への感謝、モチベーションアップを意識している。

社員総会のテーマはそこにある。

同時に社員総会では、業績3位には届かなかったが、ランキングが急上昇した事業を１～２つ選ぶ。これが２０１９年度から加わった「ピックアップ事業」だ。

上位の事業が安定してきたので、その年に特に業績を上げた事業を紹介することにした。

すると、ランキング中位〜下位の事業を担当している社員の意欲が高まった。

自動的にみんなが盛り上がるしくみ

上位3事業とピックアップ事業の発表後、ベスト社員10人を発表する。

11事業から20〜30人の候補者を挙げ、役員会で選ばれた10人が登壇する。

この瞬間が一番盛り上がる。

選考ポイントは会社への貢献度が第一。定量的かつ定性的な面を総合的に評価し、貢献度が高かった人を厳正に選ぶ。

圧倒的な業績を上げた人が選ばれるときもあれば、事業規模の拡大、劇的な生産性アップなどに貢献した人が選ばれることもある。

また、社内のデザイナーが短期間でクオリティの高いデザインを量産して選ばれたケースもあった。

10人が登壇すると、大きな拍手と歓声が上がる。

「お！　うちの事業部からベスト社員が２人出た」と喜んだり、「誰も選ばれなかった」と悔しがったりと様々だ。

さらに10人の中から優秀社員２人とＭＶＰ一人を選出。ベスト10に選ばれるだけでも誉《ほま》れ高いが、優秀社員、ＭＶＰはその上を行く。

優秀社員２人とＭＶＰ受賞者は壇上でスピーチする。

時間は３～５分程度だが、みんなが身を乗り出し、聞き入る。

内容は業績アップや成長プロセスを語る前向きなものが多く、さらなる目標へのコミットを宣言する人もいて、周囲は感化される。

社員総会は、年一回、北海道から福岡まで７拠点の内勤社員全員が顔を合わせる貴重な場なのでみんな楽しみにしている。

ここで刺激を受けた社員はいつか自分も登壇してスピーチしたいと思うようになる。

役員や事業責任者が増えるときは、あえて社員総会で発表するようにしている。

同時に、新卒で内勤社員になるハイクラス人材やヘッドハントしたい人など、これから仲間になってほしい人たちにも参加してもらい、会社のカルチャーを感じてもらうようにしている。

社員旅行での西俊彦伝説

僕らの会社では、事業部が月間売上1億円の目標を達成すると、その事業部は全員社員旅行に行ける。

各事業部の営業利益率は3～25％なので、売上1億円を達成すると300万～2500万円くらい営業利益が残る。それを使って好きなところへ行く。その後は3億円、5億円といった目標を達成したとき、2度目、3度目の旅行が待っている。

EC通販事業（イルミルド）は、これまで3度、社員旅行に行っている。

社員旅行で事業責任者である西が挨拶に立ったとき、中村優佑《なかむらゆうすけ》（以下ユウスケ）が「西さん、杯《さかずき》を干してからお願いします」と言った。

西は杯を干した後、「ユウスケありがとう。おまえはいつも本当に頑張ってくれているな」と語りかけた。

すると2人目が出てきて「僕にもお願いします」と酒を注いだ。西は再び杯を干し、「あのときのお客様への行動はとっても助かったよ」とねぎらった。

この流れで25人の社員一人ひとりと杯を干し、具体的な感謝の言葉を言いながら最後には西も社員も涙を流していた。

そのときの動画が「西さんがえらいことに」というコメントとともにフィディアのLINEグループに投稿されるとバズり、他の事業部からも西へのリスペクトの声が上がった。

その影響でみんなが西のマネをするようになった。

僕も役員合宿や食事会のたびに、仲間に感謝の言葉を送っている。

西は「俺のパクリやん」と言うが、「ええもんはパクってええやん」と言いつつ、仲間も喜んでくれている。


社員旅行は仲間に感謝を伝える場であり、頑張った仲間を称える場。


ただし参加は強制ではない。

あらかじめ「社員旅行に行きたくない人は当然いる。会社としても経費が浮くからありがたい」と言っている。そして参加しない人には1万円を渡している。「参加する・しない自由」をしっかり担保するのも、会社として大切だと思う。

2 月一回の役員会で結束を図る

役員会が最も重要な理由

役員会は月一回行う。COOでナンバーツーの中川が「どんな偉い人がこようが、どんな予定があろうが、役員会を最優先させてください」と言うくらい役員会は重視されている。

EC通販事業（イルミルド）の西が2回連続で役員会を休んだとき、中川が詰め寄った。

「なんで2回も休むんですか。西さんは僕らのこと嫌いなんですか」

「違うって。アマゾンの役員がくるからって言ったやん」

「アマゾン役員の日程をズラすべきです」

役員は多忙だ。月に一度しか顔を合わせない。だから全役員が顔を合わせて業績報告をする。役員会は各事業のヒアリングの場であり、自分以外の役員からコンサルティングを受けられる場でもある。

ここに集まるだけでフィディアの全事業の現況と改善すべき点がわかるのだ。

全事業の業績を役員全員で共有し、「ここがよくない」「こう修正してはどうか」と腹を割って話す。役員の絆が強く、他の事業を深く理解できるのは役員会があるからだ。

毎月必ずテーマを決め、合議制で意思決定するしくみになっている。

「生まれ変わってもこの会社で働きたい」というワンチームのつくり方

役員会が終わると全員で飲みに行く。

中川は「役員会に欠席しても、後の飲み会は必ずきてください」と言っている。

普段あまり行かないちょっとだけいい店に行くので、みんな楽しみにしている。カウンターだけのうまい寿司屋を貸し切って大将と盛り上がったりと、毎月小さな祝勝会をやっている感じだ（写真）。

役員会後に「鮨処 多田」にて

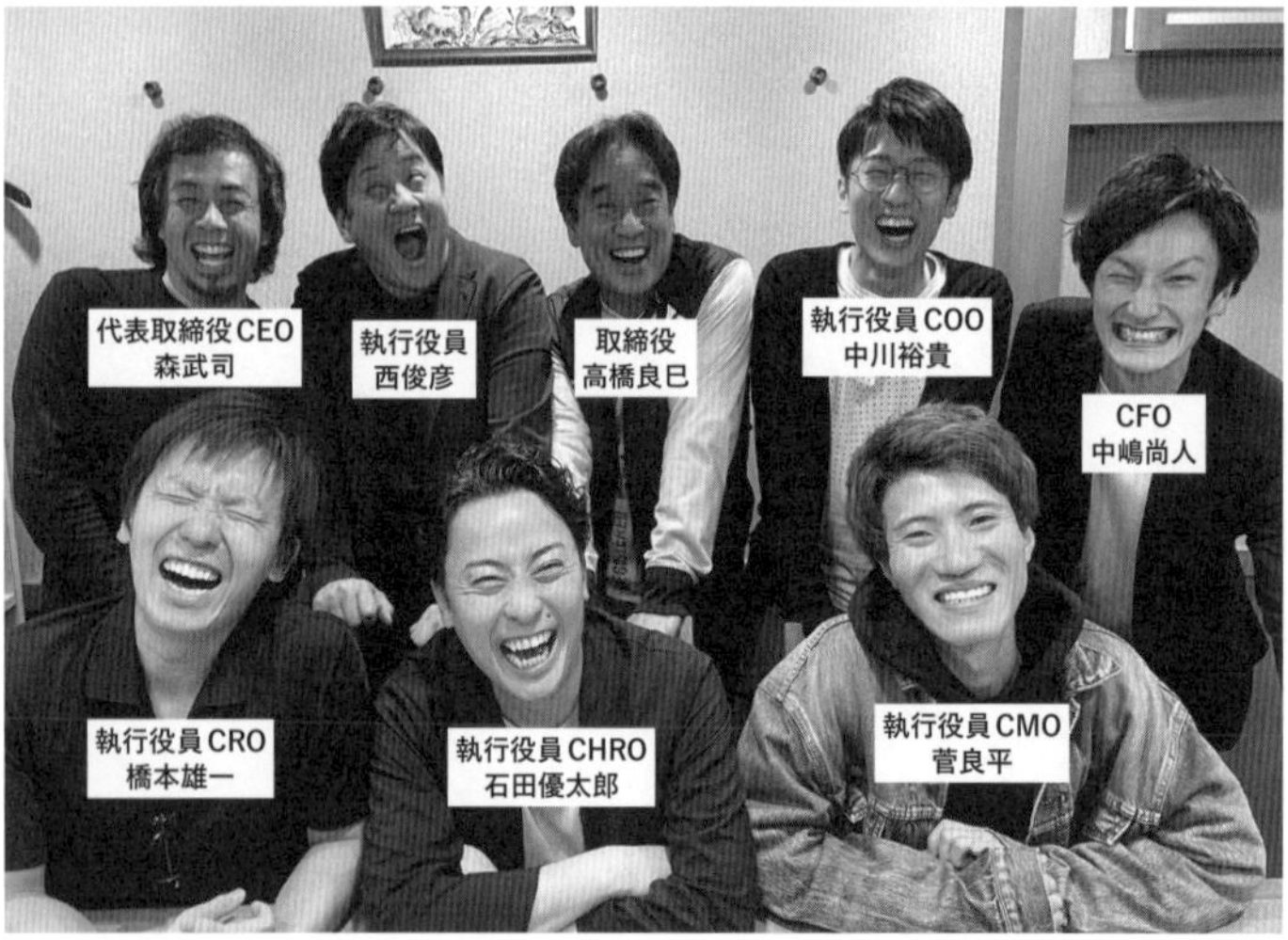

そこでは仕事の話というより、「そろそろ結婚を考えている」「子どもが小学校に入った」「新しい車を買った」などプライベートの話が中心となる。

役員会の目的は役員同士の親睦を深め、結束を高めることだ。

みんなそれを理解しているから意図的に仲よくなる。それが会社にとって強い力になる。

学生時代、新学期が始まったときはみんな知らない子だったけれど、毎日給食を食べ、いろいろな行事をやっているうちに仲よくなる。大人になるとそうしたことは少なくなるが、月一回、顔を合わせて食事をしていたらやっぱり仲よくなるものだ。

役員の仲のよさと業績のよさは比例する。

一人ひとりが腹を割って話すようになると、仲間だからつい協力したくなる。縦割り組織だと自分の事業だけ伸びればいいと考えがちだが、僕らは全事業を伸ばすことが社員全員の幸せにつながると信じている。

フィディアの５つの行動指針の一つに「**ワンフィディア**」がある。「ワンフィディア」という言葉に強いこだわりを持つ中川はこう言っている。「役員の仲がいいから会社の空気がいい。仲が悪くなって顔も合わせなくなったら、絶対どの部署も業績落ちます」

フィディアとは「ファイブダイヤモンド（５つ星）」という意味だ。グループの業績、社員の人間性、商品・サービスが「５つ星」になる会社にしたいという想いが込められている。

フィディアのロゴマークは一見４つのダイヤに見えるが、**４つのダイヤを合わせることで大きな５つ目のダイヤモンド**になる（写真）。

フィディアのロゴ

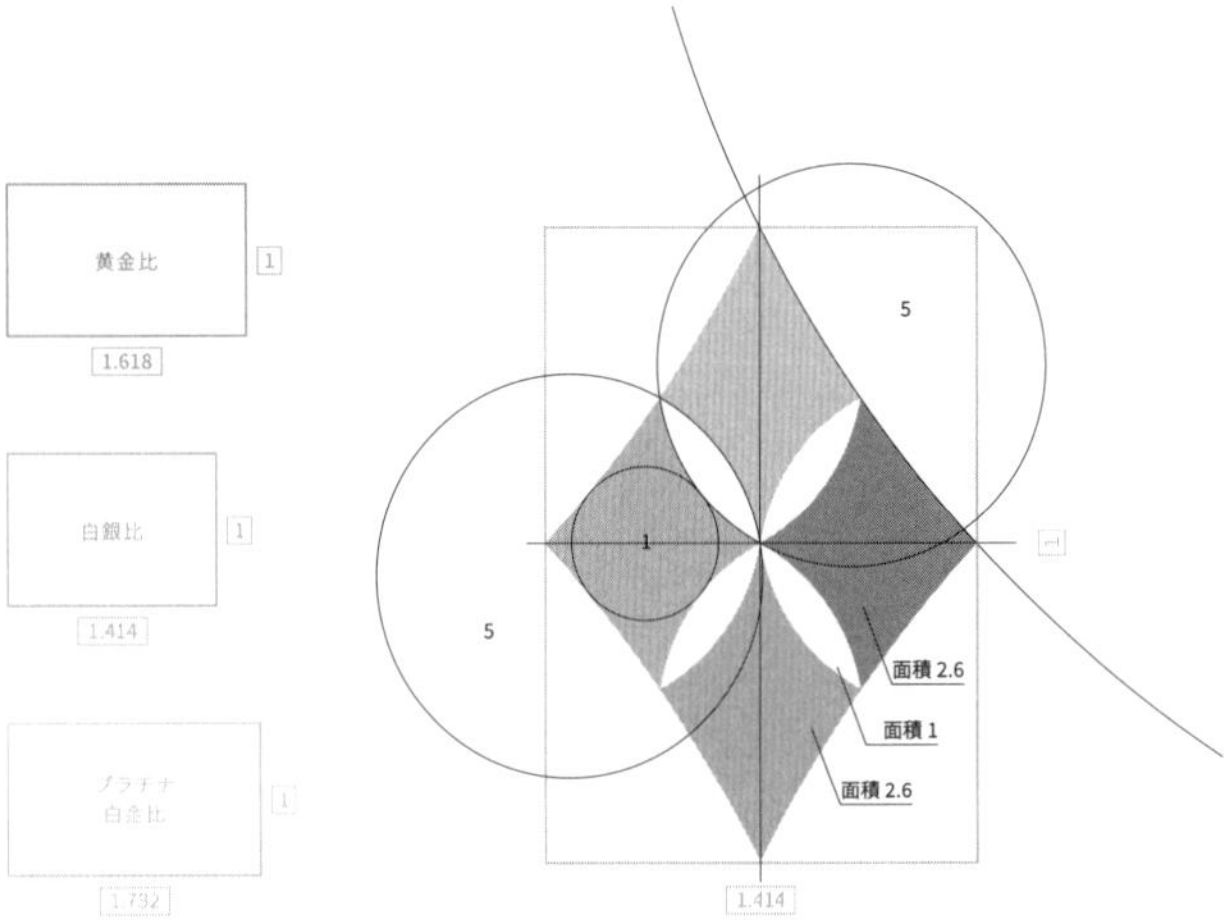
黄金比
1
1.618
白銀比
1
1.414
プラチナ
白金比
1
1.732
5
1
5
1
面積 2.6
面積 1
面積 2.6
1.414

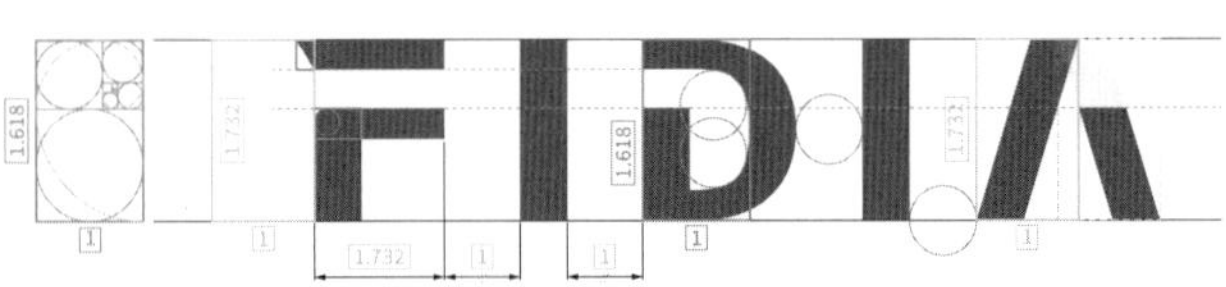
1.618
1
1.732
1
1.732
1
1
1.618
1
1.732
1

ビジョン、ミッション、スピリット、バリュー

Vision	さあ、ワクワクを創ろう。
Mission	ワクワクする友達と、 ワクワクする事業で、 ワクワクする世界を。
Spirit	圧倒的な当事者意識。
Value	① **One FIDIA** チームの勝ちが、あなたの価値。 ② **Challenge with Grit** やり抜く意志をもって、挑戦する。 ③ **Professional** 本物こそ、本物を創る。 ④ **Speeeeed** 夏休みの宿題は、初日に。 ⑤ **No lie, No hate** 清く、正しく、輝かしく。

これは**団結によって大きく輝ける**という意味を込め、社名とロゴをつくった（2023年7月1日社名変更）。

フィディア全体でワンチームだから、自分の事業だけでなく他の事業も伸ばし、全事業を成長させたい。

役員会は「ワンフィディア」を体現させたものだ。

中川は「生まれ変わってもこの会社で働きたい。やりがいのある仲間と出会えたことに感謝している」と言う。僕も同じで、役員みんなと働けることが最高の対価なのだ。

役員の前で号泣した理由

この項の最後に、役員会後の飲み会のエピソードに触れておきたい。

以前、CFOである中嶋の小学5年生（11歳）の息子さんが再生不良性貧血（血液中の白血球、赤血球、血小板のすべてが減少する難病）にかかり入院していた。

役員8人のうち6人は子どもがいるので他人事ではない。

中嶋から報告を受けた僕らは、何かできることはないかと知り合いの医師に相談したり、当社が保有するグランジョイクリニックで毎日栄養点滴を打つなどの対策を考えた。

でも、素人が考える浅知恵より現在の病院での治療がベストとわかり、快復を願う日々が続いていた。

それから9か月経った頃、中嶋から「息子が快復して退院できた」と役員チャットに連絡が入った。

中嶋を除く役員チャットをつくり、中嶋の息子さんに退院祝いを贈るサプライズ案が動き出した。

各々が案を出したが、最終的に柄が少なくシンプルだが、自分ではあまり買わない少し高めの服を贈ろうということになった。

いわゆるルイ・ヴィトンやプラダなど超ハイブランドだと逆に気を遣わせるかもしれない。

気を遣わない範囲でもらって高揚感があるブランドということで、ポロ ラルフ ローレ

役員の前で号泣した中嶋

ンの無地ダウンジャケットを贈った。

当然だが、ダウンジャケットは室内ではなく外で着るものだ。

「元気になって、外でいっぱい遊んでほしい」

そんな想いを込めてダウンジャケットを贈った。

メッセージを聞いた中嶋は泣いていた（写真）。

3 コミュニケーションの場としての食事会・遊び

揉め事が起きたときの対処法

僕は人づてに「仕事で悩んでいる、揉め事があった」と聞いたら、直接本人に「お茶しよう」「食事に行こう」などと誘うことが多い。お酒が飲める人なら「飲みに行こう」と誘うこともある。

居酒屋に行き、「どうしたん？」「最近元気ないやん」と耳を傾ける。

前もって「上司との相性が悪い」という情報を知っていることもあるが、こちらからはあえて何も言わない。いろいろな話を聞き、悩みの核心に迫りながら「なるほどな」と理解を示すことにしている。

僕は解決できない問題はほとんどないと思っているから、じっくり話を聞いた後、「これやってみる？」と具体的な解決法を提案する。

その点でも食事会は最強のコミュニケーションの場だ。問題解決の場、ガス抜きの場として大いに機能する。

関係性の深さと食事に行った回数は比例する。

信頼が積み上がると、「何かあったら会って話せばいい」という関係になる。

退職の相談があったときでも、話し合ったうえで辞めるのは仕方がない。

だが、過去にはコミュニケーション不足で後悔することが何度もあった。

優秀な人がふとしたすれ違いから辞めてしまった苦い経験もある。

会社に不満を持たずに働いている人は少ない。だがコミュニケーションがあれば、不満を解消できることも多い。そのために食事会は重要だ。

ただ、揉め事は双方の意見を聞かないとわからない。これは頭の中に刻み込んでいる。

AさんとBさんが揉めたとき、Aさんだけから事情を聞き、Bさんだけを叱るのは最悪だ。

Bさんに聞いたら、むしろAさんが悪いと感じることもあるだろう。

以前、共通の知り合いがいたので、「AさんとBさんってどんな感じ？」と聞いてみると「Aさんがうまいこと言って社長を丸め込もうとしてるだけですよ」ということもあった。人間関係の問題を解決するには、まずは情報収集が一番。第三者の意見を集めながら客観的な判断をする。

もちろん「Aさんが悪い」とは言わず、8割は意見を聞き、同調しながら解決策を一緒に考えるのだ。

仕事も遊びも渾然一体が強みとなる

僕らの会社では、社員が自主的にフットサル、麻雀、ビリヤード、ダーツなどで遊んでいる。

やりたい人が手を挙げて募集をかける。「フットサルを◯月×日にやります。都合のいい人は集まってください」とLINEで声をかけるとすぐ定員になる。

そこには役員もいれば、新入社員やインターン生もいる。

話したことのない人と仲よくなり、「今度ごはんに行こう」というケースもある。

仕事とプライベートを区別するのが今風なのかもしれないが、**僕らは渾然一体**となっている。それが強みだと思う。

歓迎会と送迎会を行う意味

フィディアには歓迎会と送迎会がある。

歓迎会は、メンバーと期待の新人の顔合せの場だ。

ここで新入社員には5分間スピーチをしてもらう。

配属される事業への意気込み、自分の長所・短所、どのように成長したいかなどを話す。

スピーチが終わったらパーティが行われ、最後に役員が新人への期待とメンバーへの感謝を伝える。

一方の送迎会は、卒業する社員をみんなで送り出す場だ。

僕らはあえて「退職」と言わず「卒業」と言っている。だから送迎会なのだ。

卒業する社員にもスピーチしてもらうが、会社やメンバーへの感謝や次に自分が何に挑戦するかなどを語ることが多い。送り出す側はその人への感謝の気持ちを伝える。

あえて送迎会を開くのにも理由がある。

「きちんと辞めてもらいたい」というメッセージを伝えたいからだ。

卒業しても仲間でいたいし、後味の悪い辞め方をされるとみんながさびしい。

前にフィディアを卒業してピザ世界チャンピオンになった山本のエピソード（72ページ）を紹介したが、新たな挑戦や成長につながる卒業は歓迎だ。

互いにひとまわりもふたまわりも大きくなって再び出会えたら最高だ。

4 悪口、陰口を言わないしくみ

No lie, No hate =「清く、正しく、輝かしく。」という行動指針の背景

フィディアの行動指針を策定するときに石田が強く望んだのが「**悪口や陰口を言わない**」ことだった。

役員の中には「なんだか小学生みたいだね」という声もあったが、石田はこの考えを頑なに主張した。

そんなとき、ふと気づいた。

「人を大切にする人材会社をつくりたい」と出会ってから7年になるが、その間、石田が悪口や陰口を言ったのを一度も聞いたことがない。

石田は2000人以上の社員を引っ張っているが、彼に寄せられる絶大な信頼はこの姿勢から生まれているのではないか。

そこで行動指針に盛り込むべきだと判断した。

ただ、ウソや悪口などのネガティブワードではなく、英語で「No lie, No hate」、和訳は宝塚音楽学校の校訓であり宝塚歌劇のモットーである「清く　正しく　美しく」のオマージュで**「清く、正しく、輝かしく。」**とした。

それから役員同士も絶対に悪口、陰口を言わないと決めた。

すると次第に自信を持てるようになった。

役員同士はよくないと思ったら対面で「変えたほうがいいと思うけど、どう？」と話し合う。直接改善提案されると感情も伝わり、人間関係でもつれることもない。

僕自身も役員からのダメ出しは山ほどある。

以前、石田から「寝ぐせがついた状態で出社するのはやめてほしい」と言われたことがある。

「森さんはフィディアの顔じゃないですか。森さんがそんな髪形で出社したら社員はみんなそうしますよ。取引先の印象はどうですか」

確かにそうだと思って改めた。

社員の悪口、陰口に悩まされたときの解決法

僕もかつては社員の悪口、陰口に悩まされたことがある。

ある部署で一人だけメンバーが除外されたLINEグループがつくられた。

LINEでは除外された一人の悪口が流されていた。

噂を聞いてメンバーの一人に「そういうグループがあるの？」と聞くと「ある」と言う。

僕はグループをつくった本人と何度も話した。

「なんでそんなグループをつくろうと思ったん？」

「仲がいいからグループをつくっただけで、偶然あの人が入っていないだけです」

「でも、内容がネガティブな方向に行っているかもしれへんね」

「確かにそうですね」

「あなたにはリーダーシップがある。会社をポジティブな方向に向けてほしいから、グループを発展的に解散できへんか」

実際、こうなるまでには相当時間がかかるが、気づいたら一日でも早くつぶしたほうがいい。最初は一人に対する悪口だが、やがて事業部や会社全体の悪口を言う場になるし、発言も過激になっていくからだ。

「悪口はカッコ悪い」という風土を浸透させるには

以前は社員もなにげなく居酒屋で会社や上司の悪口を言っていた。

でも、それでは何の生産性もない。

そこでみんなの前で**「悪口や陰口は世界一生産性のない行為だからやめよう」**と話した。

「ワクワクする友達と、ワクワクする事業で、ワクワクする世界を。」が僕らのミッションだが、会社や商品や仲間の悪口を言っている人は本当に「ワクワクする友達」だろうか、そんな人と一緒に働きたいだろうかと問いかけた。

最近では社内で「悪口、陰口はカッコ悪い」という風土が浸透し、悪口、陰口を言うこと自体がなくなってきた。

面白いことが次々起こる「全社員ヒアリング」制度

どうせなら「何か変えることに時間を使おう」という考えから誕生したのが、「**全社員ヒアリング制度**」だった。

僕を含む8人の役員が、管轄している全事業の内勤社員を対象に1 on 1を行う。

一人15分くらいで「事業はどうしたらよくなるか」「どうしたら成長できるか」を互いにディスカッションする。

この15分は好きなことを言っていいが、愚痴を言う場にならないよう「会社や個人にとってよくなること」だけを提案してもらう。

役員が提案を聞いたら必ず回答するのがルールだ。

実行できそうならすぐやり、できないときは理由を言う。

「いい提案だと思うけど、実施した場合、別の面でマイナスが大きいからやめよう」

「人が足りないから、いいアイデアだけどすぐにはできない」

全社員ヒアリング制度がきっかけで改善されたことは多い。

たとえば、コンサルティング事業（ルヴィアコンサルティング）の勤務時間は朝9時から夜6

時までだったが、全社員ヒアリングの結果、裁量労働制に移行した。「時間ではなく成果で評価してほしい」という多くの声を反映したものだが、実施してみると**生産性が爆上がり**した。

コンサルティング事業部は粒ぞろいの内勤社員からさらに選りすぐりの人が集結している。勤務時間より成果で評価されたいプロフェッショナル集団だ。この制度変更によって「とにかく成果を出すぞ」という雰囲気に変わった。

なかには「デザイナーを一元化してはどうか」という提案もあった。

それまでは事業部ごとにデザイナーがいた。それだと忙しいときと暇なときの差が大きい。デザイナー同士も仲がよく、暗黙の了解で忙しい人を手伝っていた。

そこで各事業部にいたデザイナーを一つの部署にまとめた。

実行された提案はすぐに共有する。たとえば、

「○○さんからデザインの仕事は統合したほうがいいという提案がありました。○○さんありがとう。ついに〝デザイン戦略部〟が誕生しました」

といった形だ。

僕は「意見を言ってもらうことで会社がよくなった」というメッセージを積極的に発信

するようにしている。

事業部に関する提案は事業部ごとで改善材料にするが、会社全体やいくつかの事業部にまたがる提案は役員会で話し合う。

前述したコンサルティング事業の裁量労働制やデザイン戦略部の誕生は役員会で話し合った。「なんでコンサル事業だけ好きな時間にきていいの?」と言う社員が出かねないので、裁量労働制に変える際は、明確な理由についてじっくり社員たちに語り、理解を得るようにした。

目安箱がダメな理由

全社員ヒアリング制度のポイントは「**役員が必ず回答する**」「**できない場合は明確な理由を伝える**」ことだ。

歴史のある企業では「若い人の意見は貴重」と集めたのに、その後なしのつぶてになることが多いと聞く。すると、一生懸命考え勇気を出して提案した若手の不満が溜まる。

なかには「会社に意見できるからいい」と社内に「目安箱」を設置する会社もあるかも

しれない。

だが、これは危険だ。目安箱は愚痴の温床になりやすい。匿名なので会社をよくする意見というより、悪いところを指摘する声が集まってしまう。

愚痴を言い続けるだけでいつまで経っても改善されず、クレーマーを量産する装置になってしまうのだ。

実行できない場合は、その理由を伝えると納得してもらえるもの。ここでも双方向性があることが重要なのだ。

「失敗のシェアはカッコいい」と考えると組織は伸びていく

失敗はよくないが、起きてしまったら仕方がない。

むしろ失敗を隠したり、ウソでごまかすほうがよくない。

前に、3000万円の損失を出してしまった橋本の話をした（185ページ）。

だが、しっかり報告してくれた橋本がむしろ信頼を上げたのは前述のとおりだ。

しかし、たとえ1万円でも、失敗を隠したり、ウソをついたりしたときは1対1できちんと叱る。

失敗を隠さない組織をつくるには、**失敗した報告を咎《とが》めない**ことだ。

感情的に怒ったり、降格・減給処分をしたりしないことが重要で、失敗を追及し始めるとみんなが失敗を隠すようになる。

失敗した事実と原因を早めに共有すると、会社にとって大きなメリットになる。

今後同じ轍を踏まなくなるからだ。

失敗のシェアはカッコいいと考えると組織は伸びていく。

5 家族を最強の仲間にする

家族に協力してもらい、仕事をさらに加速させる方法

この章では、社内の仲間たちとの絆を深めるしくみについてお話ししたが、それと同様に、いや、**それ以上に大切なのが家族**だ。

社内の仲間と家族はまさに車の両輪。

社内も家庭もうまくいくと、人生も仕事も加速度的にうまくいく。

僕はおそらく最も家庭がうまくいっている経営者の上位１％に入っている。

それほど家庭が順調で、奥さんとのケンカは15年で一度しかない。

僕が意識していることは大きく2つある。

「仕事への理解」と**「感謝」**だ。

まず、「仕事への理解」だが、パートナーとうまくいっていない人は、仕事への理解が得られていないのだろう。

ほぼすべての仕事をしている人は、家族のため、会社のため、社会のためにめちゃくちゃ頑張っている。1日8時間、週5日、人生の大半をささげて一生懸命頑張っているのだ。

普通は頑張っている人は応援されるし支持される。協力したいと支えてもらえる。

たとえば、オリンピック選手が日本代表として戦っている姿を見れば感動するし、応援したくなる。それは熾烈な予選を勝ち上がって鍛え上げられた肉体で日本代表として戦うから応援したくなるわけだ。

きっと「熾烈な予選」「鍛え上げられた肉体（日々のトレーニング）」「日本代表」というみんなの「理解」があるから応援したくなるのだろう。

もし、今、あなたがパートナーとうまくいっていないとしたら、あなたが会社で「どんな仕事をしているか理解がない」からだ。

僕だったら、こんなふうに奥さんに話してみる。

「今やっているプロジェクトは、大阪駅直結で大型公園のド真ん中にできるカフェの運営権を取る仕事。その資料をつくっている。競争相手は世界に展開する大手チェーン店ばかり。カフェの出店が初のうちは不利だけど、是が非でもカフェの運営権を取りたい」

「公園は広くて東京ドーム5個分。そのド真ん中に３６０度ガラス張りのカフェができるんだ。設計はあの安藤忠雄さん。カフェの広さも１６０㎡ある大型店舗。イメージ図はこんな感じ」

こうすれば奥さんも「なるほど、そんなふうに頑張っているんだ」と理解できる。

その後も、

「カフェのコンペ、7社から残り3社まで進んだよ」

と伝えれば同じように喜んでくれるだろう。

逆に「3社に選ばれなくて落ちてしまった」と伝えれば、「あんなに頑張っていたのに選ばれなくて残念。次、頑張ろう」と励ましてくれるだろう。

もし、あなたに部下がいるなら、互いの「理解」を深める「報連相」によって、信頼感や愛着も生まれてくるかもしれない。

これが僕の言う「理解」だ。

何の相談もなく、しんどそうに頑張っていても誰からも応援されない。

ただ、しんどそうな不愛想な人にしか見えない。

でも、奥さんにしっかり報連相ができて理解を得られていれば、たいていは応援してくれる。あなたが何に情熱を注ぎ、何を頑張っているのかが伝われば、応援してくれるものだ。

世界で一番、奥さんに仕事の話をする

だから僕は、世界で一番、奥さんに仕事の話をしている。

役員や友達より奥さんが、「僕が何を頑張っているか」「何に頭を悩ませているか」を一番知っているのだ。


経営者は、突然の呼び出し、緊急電話、休日出勤など、どうしても断れないスケジュール変更や深夜までの飲み会などを経験する。

そのとき、自分自身に思うことは「俺、よく頑張っているな」だ。

それと同時に頭をよぎるのは「奥さんに怒られる」かもしれない。

この気持ちが奥さんに理解されていない証拠だ。

奥さんが「家族のためにいつもありがとう。今日はゆっくり休んでね」と言ってくれたらどれだけ救われ、報われるか。そう思った人は家族や恋人と仕事への理解を今日から深めよう。


ルールのわからないスポーツは応援できない。

ルールを熟知し、理解して初めて応援できる。

何をやっているかさっぱりわからないのに「応援しろ！」と言われても無理なのだ。つっけんどんに「仕事だから理解してくれ」と言われても同じだ。

仕事の中身や進捗などを伝えていると、奥さんから貴重な意見をもらえることがある。あなたが恋して最終的に選んだ人の意見を参考にしてほしい。

僕の経験では、誰よりも「なるほど」という意見をくれるのが奥さんだ。

そのためには、あなたから報連相をして、相手に理解してもらう姿勢がはじめの一歩となる。

もちろん、会社の守秘義務を話すのはNGだが、僕はそれ以外のすべてを話している。失敗も成功も喜怒哀楽もすべてだ。

だから僕の一番の理解者は奥さんで一番の応援団長だと思っている。

社員総会に家族を招待する理由

前述のようにフィディアでは、年一回の社員総会がすべての事業について理解できる機会になっている。

僕はそこに奥さんと赤ちゃん（息子）、僕の母、姉、奥さんの母、奥さんの友達とその赤ちゃんなど、可能な限り親族やその友人を呼ぶようにしている。

社員総会を見れば、今、僕が何をしているか、フィディアの業績だけでなく、今後僕らが何を成し遂げたいのか、一気に理解が深まるからだ。

もしかしたら、僕が登壇してスピーチする姿を見て、奥さんがほれ直してくれるかもしれない。それは冗談だが、話す内容を聞いてより理解が深まることは間違いない。

社員総会のスピーチで、僕は赤ちゃんをだっこして登壇した。

社員はビックリしたと思うが、拍手喝采で迎えてくれた。

それを見た奥さん、母、姉や招待したみんなが喜んでくれた。ちょっとしたサプライズだ。

もちろん、登壇中30分間ずっと赤ちゃんをだっこしているわけにはいかないので、途中で壇上をおり、奥さんにだっこを代わってもらった。

スピーチの途中で赤ちゃんはワンワン泣くが、

「赤ちゃんの泣き声もＢＧＭだと思って聞いてください」

と話すと、社員は拍手で理解してくれた。

こういうところもフィディアのよいところだ。


そして奥さんはよくオフィスに遊びにくる。

何十回とくるので、僕を除く役員7人全員と面識がある。


以前、役員全員の家族を呼んでバーベキューと花火鑑賞を企画したこともある。

だから僕の奥さんは役員だけでなく、役員の家族のこともよく知っている。

奥さんが会社の近くにくると、「あっ、奥さんきてますよ」と顔を見ただけでわかるくらい役員全員と仲よくなっている。息子も役員によくだっこされ、「大きくなったな」とかわいがってもらっている。

こんな形で僕は奥さんに会社を理解してもらっているのだ。

家族に「感謝」を伝える

もう一つの大事な要素は「**感謝**」だ。

奥さんの理解が得られ、応援してもらう体制が整っても、自分だけが応援してもらう形では長続きしない。

奥さんも毎日、それこそ365日、家事や育児を頑張ってくれている。

まずはその理解が必要だと思う。

そして、それに対する真の感謝があって初めて相互理解が生まれる。

もちろん、夫婦ともに仕事をしている家庭や夫が家事・育児を担当しているケースもあると思う。

ただ、すべての例を書くのは難しいので、ここでは僕が仕事、奥さんが家事・育児をしているわが家の一事例を紹介したい。

まず、やればわかるが、家事は重労働だ。そして育児も輪をかけて超重労働。

この2つを毎日同時にこなすのは本当に至難の業で、精神を一定に保つだけでも大変だ。

ましてや子どもが2人、3人となれば、僕の想像の及ぶことのない大変さで尊敬しかない。

お世辞抜きで、僕は家事・育児をしている女性たちを尊敬している。

街で小さい子どもと赤ちゃんをベビーカーで押している2児のお母さんたちを見かけると、「すごい」と心の中でつぶやいている。

だから僕は奥さんが365日、家事・育児を頑張ってくれていることに心から感謝している。


出張に行けば、奥さんが喜びそうなおみやげを探す。

これは渡しておけば喜ぶだろうといった下心ではなく、本心で奥さんの喜ぶ顔が見たいからだ。日々の感謝の気持ちで自然とそうなるのだ。

土日は家族ですごす

土日はできるだけ仕事を入れずに家族3人で出かける。

少しの空いた時間でも、奥さんと息子を連れてカフェに出かける。

奥さんと回ったカフェの数は350軒以上にもなる。これは奥さんのインスタグラム（以下インスタ）に記録されているから間違いない。

一緒にすごした時間だけ理解も得られるし、感謝も伝えることができる。

そして奥さんといる時間が心地いいので、いつもずっと話しているし、一日で3、4軒、カフェをはしごするのもざらだ。

互いに食べることが大好きなので、食べログでおいしい店を探していくことも多い。最近は赤ちゃんでも入れる店を探してシェアしている。

もちろん、つき合った記念日、結婚記念日、誕生日などは欠かしたことのないイベントだ。お互いが好きそうな店を予約するのも楽しみの一つとなっている。

最近は、息子を公園に連れていき、すべり台をすべっている姿を見るだけで本当に楽しい。

階段を自力でのぼって自分ですべれるのだが、転落しないよう階段側に奥さん、すべり面側に僕と、大人2人がかりで子どもが遊ぶ姿を2時間も見ていることがある。

これを僕がいない日は、奥さんが一人で一緒に遊んでくれているのだ。

毎日、毎日、ただありがたい。

奥さんは僕の一番の理解者なので、僕が仕事を頑張っていること、精神を削って戦っていることを誰よりも知っている。そして誰よりも応援してくれている。

だから僕に少しでもストレスがかからないよう、枕カバーを毎日替えてくれたり、健康のためにオーガニックの野菜ジュースをミキサーで毎日つくってくれたりする。

出張時には、ここぞとばかりにシーツを洗濯してくれる。

このように、1ミリでも1%でも、僕のストレスを軽減できるよう一緒に戦ってくれているのだ。

もちろん、僕はそんなことを強制もお願いもしていない。

自主的に僕を支えようと頑張ってくれている。

その背景にあるのは、僕の仕事への「理解」だと思う。

だから僕も休日は少しでも家事・育児に協力しているつもりだ。

奥さんがいつもやっていることの10分の1もできていないと思うが、奥さんはいつも嬉しそうにしてくれる。

相手の頑張りに、互いに理解して感謝するからこそ、円滑な関係が生まれるのだと思う。

僕は本心で世界一の奥さんだと思っている。

10回生まれ変わっても、10回、今の奥さんと結婚したい。

心から感謝し、愛している。いつもありがとう。

同じように息子にもよくわが家に生まれてきてくれたと感謝しているし、世界一かわいい息子です。生まれてきてくれてありがとう。


さて、ここまで社内に仲間を集め、仲間に成長してもらい、互いに絆を深める話をしてきた。

だが、僕らが仲間だと思っているのは社員だけではない。

この後、意外な事実が徐々に見えてくるだろう。

第6章

顧客を仲間にする

1 顧客を仲間にする名人

ターゲットは「高品質でほどよい価格」に憧れる人

ＥＣ通販事業（イルミルド）の西俊彦は、今や業界でも有名なマーケッターで、ＥＣモールの顧客に最適化した商品開発とマーケティングを統括していると前述した。

商品を売るには、お客様との出会いが必要であり、選んでもらい、なおかつ長く使ってもらえるとありがたい。つまり、**お客様に仲間になってもらう**のだ。

大手メーカーがひしめく激戦区で、ブランド全体を牽引する「オルナ オーガニックヘアオイル」は楽天の「２０２２年ベストコスメ」の「トリートメント・コンディショナー部門」年間１位を前年に続き受賞した。アマゾンでは２０２１年の売れ筋ブランド15選に選出された。

ここでは、西が地道に積み上げてきたノウハウを一挙公開しよう。

一つは販売チャネルをアマゾン、楽天に絞り込んだことだ。

チャネルによって集まるお客様は層も質も違う。どのチャネルにも当てはまる汎用性の高い製品をつくるのではなく、アマゾン、楽天に集まるお客様が求める製品、価格帯を分析し、製品を提供した。

シャンプーを例に考えてみよう。

ヘアーサロンなどで専用の高級シャンプーを使っている層は一定数いる。高品質だが原価も高く、500ミリリットルで6000円程度、高ければ7、8000円はする。

一方で、1000円以下の低価格帯シャンプーはドラッグストアなどでよく売れているが、原価を高くできないため、品質もそれなりだ。ユーザーはなんとなく使っているが、なんとなく物足りなさも感じている。

そこで僕たちは、サロンで使われている高級シャンプーに憧れつつも、高すぎて手が出せない人をターゲットにして製品をつくろうと考えた。イルミルドのシャンプーはだいたい2000円前後だが、品質はサロンで使われている高級シャンプーと遜色ないのだ。

高級シャンプーを2000円で販売できる理由

なぜ高級シャンプーを2000円という価格で販売できるかといえば、アマゾン、楽天というチャネルを利用しているからだ。つまり広告費を削減できる。

多くのメーカーは広告費をじゃぶじゃぶ使いながら製品を販売しているので、シャンプー価格を広告費が上回ってしまうことがある。

そうならないように、危ない橋を渡るメーカーもある。

薬機法（医薬品、医療機器等の品質、有効性及び安全性の確保等に関する法律）違反スレスレの消費者心理を煽《あお》る過剰な表現で広告費を安くするケース。あるいはお客様は単品で購入したつもりなのに、実は隠れたサブスクになっていて定期的に商品を送りつけられるケースもある。こういうときは、ネット上で解約できず、わざわざ電話をしないと解約できないことも多い。

でも、アマゾンや楽天なら、すでに購入意志があるお客様が集まるので、過剰な広告で引っ張る必要はない。魅力的な製品・価格帯であれば煽らなくても販売できる。

さらに、広告費とともに中間コストも削減できる。サロンシャンプーの場合、メーカーが美容ディーラーに卸し、美容ディーラーがヘアーサロンに卸し、ヘアーサロンがお客様に届けるので流通コストが高くなる。

僕たちは流通コストと広告費を削減できるから、高品質でほどよい価格の製品を提供できるのだ。

お客様が選ぶポイントを徹底的に調査・研究

西は、お客様が製品を見つけるポイント、閲覧するポイント、最終的にクリックして購入するポイントなど、あらゆるポイントを研究し、どこを押さえればいいかを試行錯誤しながら最適化してきた。

アマゾンで「シャンプー」と検索すると1万点以上の商品がヒットする。

その中からお客様は自分に最適なものを購入する。

選ばれるためには、相対的に魅力のある状況をつくり込む必要がある。

ポイントは100くらいあるが、まずは画面で商品表示されたとき、他の商品と比べて魅力的でなくてはならない。だから立体感があり、一つだけ輝いているような商品写真を掲載する。

また、画面にはいろいろなシャンプーが並んでいるが、よく見ると商品によって画像の大きさが違う。商品画像の専有面積が大きいものもあれば、小さいものもある。

当然、面積が大きいほうが目立つ。ここで西は、アマゾンでは、商品タイトルを長くしたり、アマゾンポイントをつけると大きく表示されることを発見した。

アマゾン、楽天のアルゴリズムは随時変わる。

過去に使えたノウハウが突然使えなくなることもある。

だから、新しい情報をキャッチアップし、試行錯誤しながらアップデートし続けている。

2 マーケティングでは「レビュー」が最強

5つ星レビューを増やす秘密

商品を買うときは、実際に商品を使った人の声が聞きたい。

レストランを選ぶ際は、そこで食事をした人の声が聞きたい。

今や消費の行動を決定するのはアマゾンや食べログのレビューになっている。

マーケティングではレビューが最強だ。

ぐるなびより食べログが見られているのは、店に行った人の生の声が伝わるからだろう。

カギを握っているのがレビューなら、高評価レビューを増やし、低評価レビューを減らすことが重要だ。

かつてはつくり手が語る商品スペックや、有名俳優が勧めるCMが購買動機になっていた。

でも今は違う。僕らはどうしたら魅力的なレビューになるか日々考えている。

僕らの製品には、競合製品の10倍以上のレビューがついていることが多い。

これは丁寧にお礼状を書くなど、一人ひとりのお客様へきめ細かい対応をしてきたからだと思う。

低評価レビューをストレスフリーで減らす方法

一方、低評価レビューを減らす方法もある。

低評価レビューが消えると高評価レビューが残るので、相対的にレビュー全体の評価が上がる。

「低評価レビューを書かれた＝商品ブランドが傷ついた」ということだ。

ブランド力を回復するには、低評価レビューを消してもらう方法がある。

それには誠実な対応あるのみだ。

そこで低評価レビューの内容をくまなく調べてみた。

楽天の事例だと、「到着が遅い」「液漏れしていた」「箱がつぶれていた」など様々だが、一人ひとりのお客様へ丁寧に向き合い、新しい商品を再送したり返金したりすると、多くのお客様が低評価レビューを削除してくれた。

依然として強い不満がある方には、「電話をさせていただけませんか」とメールを送る。そして電話でおわびし、お客様のご要望に沿った対処をして僕らの想いを伝えると、95%くらいの人が仲間になってくれるようになった。

状況に応じて**直筆の手紙**を送り謝罪することもある。このときは商品を送り直す際に、「もしよかったらこれも使ってください」とハンドソープやハンドクリームなど別の売れ筋商品もつけている。

サイズが大きいと送料がアップするので、シャンプーやトリートメントのパウチ（小袋）を新たにつくった。

パウチを「お試しで使ってください」と渡すのは、僕らのヒット戦略だ。

シャンプーやトリートメントをパウチにして送っているうちに、それが人気になって「トラベルセット」が誕生した。

元々おわび用につくったものが、ボトルを持ち歩く手間がなくなったと喜んでもらっているからビジネスは面白い。

一夜にしてモンスタークレーマーが大応援団長になる瞬間

モンスタークレーマーは大応援団長になる可能性がある。

モンスタークレーマーは伝える力や情熱が高く、商品・サービスのマイナス面があると、ここぞとばかり突っ込んでくる。

だが、そんな人たちに誠実に対応する企業は少ない。ここでとことん誠実に対応すると、今度は商品・サービスのプラス面を大々的に発信してくれるようになる。

モンスタークレーマーは包装が破れている写真や、液漏れしている動画などをネットにアップするが、いずれもクオリティが高い。だからこそ多くの人に響いてしまう。

その人たちが一転、大応援団長になると、「こんなに家族が喜んでます！」と子どもの笑顔つきの動画をアップしてくれたりする。拡散力があるため、ネガティブからポジティブに方向転換すれば、**一夜にしてモンスタークレーマーが大応援団長**になってくれる。

１つ星レビューが突然、５つ星レビューに変わり、「とても丁寧に対応してくれる」「この会社は信頼できる」「最初は悪いレビューを書いたけど、今では家族みんなで使っている」など強力なリピーターに変貌する瞬間を見たときは本当に驚いた。

その後も新製品が出るたびに高評価レビューを書いてくれた。

だからこそ、初期対応は本当に大変だが、どんな人とも誠心誠意向き合っている。

お客様の声と徹底的に向き合い、不満点は次回の商品改良にすばやく反映させることで、商品もどんどん使いやすくアップデートされていくという好循環が生まれているのだ。

3 インフルエンサーに広めてもらう

SNSは顧客を仲間にする重要ツール

ＳＮＳを活用したプレゼント企画は有効だ。

僕らの主力商品「オルナ オーガニック」（All Natural Beauty & Organic）が販売数１００万を突破したとき、その記念イベントとして、ツイッター（現X）で「リツイート（現リポスト）してくれたらシャンプー&トリートメントをプレゼントします」という企画を開催したところ数千回リツイート（当時）された。

インフルエンサーへのプレゼント企画も有効だ。

フォロワー数が５０００~2万人くらいのインフルエンサーは企業からプレゼントをも

らえる存在だとアピールしたい人が多い。その人たちはフォロワー100万人の有名インフルエンサーよりコアなファンを抱えていることが多い。

そういう人たちに製品をプレゼントし、投稿をお願いした。

シャンプーの原価と送料だけで5000〜2万人にPRしてくれるのだから費用対効果が高い。

SNSをチェックし、自ら商品のよさをアピールしてくれた人にも連絡する。

PR担当チームはSNSで「オルナ」とか「オルナ オーガニック」で検索したときに投稿している人がいたらマメに連絡する。

「なぜオルナ オーガニックをPRしてくれたのか」をヒアリングし、気に入って使ってくれていることがわかったら、投稿への感謝を伝えプレゼントする。すると、さらに強力な支援者になってくれる。

財産となるインフルエンサーリスト

一度協力してくれた人は当社のメーリングリストに入れさせてもらい、インフルエンサーリストを整備していく。

新商品発売のタイミングでアマゾンリンクを送って協力してもらうと、その人たちの力で数千個売れたりする。

アマゾンには「売れ筋ランキング」や「人気度ランキング」があり、そこで紹介されるとさらに売れる。インフルエンサーの影響で売れるのは2000個でも、アマゾンのランキングに入ると8000個売れることもある。

インフルエンサーリストは会社にとって貴重な財産だ。

インフルエンサーや影響力の強い顧客を味方にしていくだけで、何十万〜何百万円の売上が立つ。

インフルエンサーにプレゼントしてPRしてもらう方法は原価と送料しかかからないから、小さな会社や個人事業主でもできる。

気に入ってくれると、2、3回PRしてくれる人もいるので、仲間を増やすと初動だけで何千個は売れる。地道な努力によって、インフルエンサーとの関係性を構築すると、新製品を出せば出すほど売れるようになる。

SNSはTikTok、X（旧ツイッター）、インスタ、YouTubeなどをチェックしている。

若い世代にはTikTokが効果大だが、25歳以上はインスタがいい。

プレゼント企画などで爆発力があるのはX（旧ツイッター）だが、好意的な書き込みがある一方で、時には悪意のある書き込みが拡散してしまうこともあるので慎重に使う必要がある。

4 お客様と一緒に商品を開発する

モニター協力者のとてつもないパワー

第1章で「オルナ オーガニック」の100アイテム同時開発のエピソードに触れた（50ページ）。

この商品テストのとき、当時の社員全員が家族、友人、恋人に商品を配り、意見をもらってくれた。それだけでもありがたいが、想定外のことが起きた。

モニターに協力してくれた人たちが、「自分が意見を出してつくり上げた商品」として、驚くほど購入してくれたのだ。これが初期段階で強力な支えとなった。その人たちは今でもずっと僕らの商品を使ってくれている。

商品を改良するたびに「使ってみてどうですか？」と尋ねると、「こっちのほうが使いやすい」「ボトルのラベルはもうちょっと下のほうがいい」といった意見が寄せられる。開発時にモニターとして参加してくれた人たちが、今でも仲間としてともに歩んでくれている。本当にありがたいことだ。

限定5000本が一瞬で売り切れた理由

その後の商品開発でも、お客様の声を聞いている。

社員だけで開発していると、好みが偏る可能性があるのでお客様アンケートを取る。その際、協力謝礼として、ネットで製品を買うときに500円引きになるクーポンを渡す。

商品開発時に「オルナ オーガニック」の改善ポイントを聞いたり、どちらのデザインがいいかをアンケート調査したりする。

たとえば、ボトルのデザイン案が出てきたとき、「A案、B案、C案でどのデザインがいいと思いますか」と聞いてみる。

社内ではAで固まっていたが、お客様の声でCに変更したこともある。

すると、お客様は自ら選んだボトルが採用されたと聞いて買ってくれる。

「自分たちがつくった」「自分たちが選んだ」という気持ちになってくれるからだろう。

ここでも仲間であり共同開発者だ。

時には、SNS上で公開アンケートを取ることもある。

「Aに決まりました。これで進めます」と投稿すると、「絶対こっちがいいですね！」とか「Bのほうがおしゃれだと思うけど……」といった反応があり、盛り上がる。

こうして発売前にみんなでワクワクを共有できるのだ。

以前、「オルナ オーガニック」のボトルの春バージョンをつくるか迷ったことがある。

中身はまったく同じでボトルのデザインだけ違う。

SNSで「中身が変わらないなら意味がない派」と「春バージョンほしい派」でアンケートを取ってみると、「春バージョンほしい派」が圧勝した。

そこでお客様に「こんなボトル、かわいくないですか？」と透明なボトルにサクラが印刷された春バージョンをつくったところ、「めっちゃかわいい」と**限定5000本が一瞬で売り切れた。**

顧客を味方にする最大のポイントとは？

多くの会社が自社のオンラインショップをつくって商品を売っているが、これで売れてもさらなる客層拡大は見込めない。

たとえば、「allna organic.com」という独自ドメインで「オルナ オーガニック」が３０００本売れたとしよう。

ありがたい話だが、それ以上は伸びない。

ところがアマゾンで３０００本売れ、ビューティーランキング１位になったら、「売れている商品」と認知され、９０００本追加で合計１万２０００本売れる。

多くの企業がインスタやTikTokなどに独自ドメインのリンクをはり、アマゾンに手数料を取られないようにしている。だが、僕らはあえてウェブサイトにアマゾンへのリンクをはっている。

アマゾンで僕らの商品がランキング上位を独占したり、年間販売第１位になったりするのは、販売ルートをアマゾンに誘導しているからだ。

顧客を味方にするとは「行列のできるラーメン屋」をつくるのと同じだ。

日本人は並んでいるラーメン屋にさらに並ぶ傾向がある。10人並んでもらえば、さらに20人並んでくれる。アマゾンで売れているなら自分も買いたいと思う。

顧客を味方にする最大のポイントは、アマゾンで買ってもらうことだ。

1次、2次面接官を入社1、2年目社員にする理由

人材事業でもレビューは大切だ。

僕らは働いてくれる社員を**「顧客」**としてとらえている。

つまり、実際に働いてみた感想、生の言葉がレビューとなり、僕らの会社で働こうか迷っている人に影響を与える。「ここで働いて楽しかった」と心の底から言ってくれれば、迷っている人の背中を押してくれる。

では、どのように働いている人の声を届けるか。

一つは前述したHP。

もう一つは、**1次、2次面接官を入社1、2年目社員にする**ことだ。

通常は人事部の役職上位者が面接することが多く、「うちの会社はこんなにすばらしい」

とアピールする。だが、それでは会社のＰＲになってしまい、今の就職希望者に響かない。入社１、２年目社員は、消費者目線で僕らの仕事や職場の雰囲気を説明し、働いている人の生の声を伝えられる。

もちろん、最終面接は役員が行うが、初期段階ではできるだけ本当の声を届けたい。どんな会社もカギになるのは人材採用だ。

顧客を味方にするという意味では、**より近い人のレビューを正直に届ける**ことが大事だ。役員を採用するときは役員のレビューを届け、新卒を採りたければ、入社１、２年目のレビューが一番伝わるのだ。

さて、いよいよ最終章だ。

最後にお伝えするのは取引先を仲間にする方法。僕らの秘密兵器である「**取引先を仲間にする専門役員**」の**驚くべき仕事術**も公開しよう。

第7章

取引先を仲間にする

1 取引先と仲間になるための仕事の仕方

感動する提案書を書く前に大切なこと

取引先の信用を得るためには、相手に合った提案をすることだ。

最初の提案書は相手のHPや各サイトを丹念に調べてつくる。

相手の会社のビジョンやミッションを確認し、どんなことに思い入れがあるか、何が強みかを把握する。そのうえで「御社の強みと当社の強みを掛け合わせ、一緒に事業をやりましょう」と提案する。

自分が提案される側の気持ちになって考えてみてほしい。

「いつもこの提案書を使い回しているんだろうな」と感じたら、一瞬にしてテンションが下がる。

でも最後の一文で、「このプロジェクトでフィディア様とワクワクする事業をさせてください」と締められていたら、僕らの企業理念が「ワクワク」であることを調べたうえでの提案だと感動するだろう。

さらに、僕らの役員の写真と自社の役員の写真を両方掲載しながら、「御社のメンバーとうちのメンバーが仲間になってワクワクを極めたい」と入っていたら感動は増すだろう。

このとき、何に感動しているのかといえば、「御社だけのためにこの提案書をつくりました」という熱意だ。

相手企業のHPを丹念に調べ尽くされた提案書は、通常のプレゼン資料が100としたら120のパワーを持っている。いつもより成約率を20％上げられるわけだ。しかも、それほど時間もコストもかからない。

取引先を仲間にするには、しっかり相手について調べることだ。

第2章で触れた、契約率9割のモンスター岡田さんの仕事術（90ページ）を思い出してほしい。

岡田さんは異常なほどクライアントを調査していた。だからHPだけでなく、社長が出版している書籍や相手のSNSからも情報を仕入れていた。

X（旧ツイッター）の投稿を読んでいるうちに、相手のことを好きになってしまうことがあるかもしれない。

もちろんヒアリングも有効だ。

前にグラングリーン大阪のカフェの話（70ページ）をしたが、そのときはキーパーソン全員にヒアリングし、提案するキーワードを集めた。

「世界に一店しかないカフェをつくりたい」「大阪に行ったら絶対あのカフェに行くというカフェにしたい」「環境に配慮してプラスチックは使いたくない」など、相手のことを丹念に調べ、相手好みの提案にすることで契約につなげることができた。

事前に相手の商品を使っておく効果

取引先と仲よくなる方法の一つは、相手の商品・サービスを事前に購入して使ってみることだ。

面談の際、「御社の商品、とってもおしゃれですよね」と言いながら、商品と一緒に撮った写真を見せる。「えっ！　本当に買ってくれてるじゃないですか！」「そんなウソ言いませんよ。これ、本当にいい商品ですね」といったわずか3ターンのやりとりで信じられないほど距離感が縮まる。

名刺管理アプリを運営する「Sansan株式会社」が上場するとき、証券会社数社が主幹事に立候補した。

そのとき、野村證券は野村グループ全社員の名刺管理ソフトをSansanに移行したという。そこまでやられると、Sansanとしては野村證券に決めない理由がない。

このエピソードを聞いて「さすが野村證券」と思い、僕らもその手法を取り入れることにした。

反対に、商品を使ってもらって嬉しかったこともある。

前に触れた高橋良巳さんがフィディア出社1日目に僕らのアパレルブランドを着て、律儀に出社してくれたときの喜びはこれだ（そのときはすでに社員だったが）。

面談の際、「オルナを使っています」と言ってくれたり、メール添付で赤ちゃんの横に「オルナ　オーガニック」がある写真が送られてきたりすると嬉しい。互いの距離が近くなる感じがするからだろう。

取引先にあえて社員の短所を伝える理由

大きなプロジェクトが始まる前、僕らは取引先の事業責任者を交えて会食する。

そのときに、社員の長所・短所を共有しながら、何かあったら僕らは全力でバックアップすることを伝える。

長所はともかく個人の短所は会議室では話しにくいので、食事の席で少しユーモラスに伝えるのだ。

たとえば、「この人は報連相がちょっと苦手なので、気になることがあったら聞いてやってください。それ以外は完璧にやるんですが」といった具合だ。

本人もその場にいるので「ちゃんとやります」と言うが、あえてこう言うことで、社長の僕が弱点として認識していることを意識し、徐々に改善するようになる。

相手もあらかじめ聞いておけば、あまり腹が立たない。

逆に事前に伝えておかないと、その人を飛ばして僕らに報告がきて、「担当を代えてほしい」と言ってくる。

以前、ある取引先から「あの人は報連相が苦手だから代えてほしい」と言われたことがあった。僕は「それ以外の部分はとてもいいのに」と思ったが、回復できないレベルまで相手が怒っていたからもう遅かった。

それ以来、その人の長所が伝わらず、短所だけを一方的に指摘されることが悔しかったので、事前に食事会を開いて伝えるようにした。

「この人はちょっとなれなれしいところがあるんですよ。ときどきタメ口で話してきたり。でも、それがこの人のいいところでもあるんです。表裏のないいい人間なんです」

と事前に言っておけば、相手も笑いながら「そういう人なんだ」と思ってくれる。

テレビを買うとき、傷がついたものは多少安くなっている。

「ここに傷があるから通常10万円が7万5000円になります。クオリティ的にはまったく問題ありません」

と販売員に言われたら納得して買うだろう。

でも、傷があることを言われずに7万5000円で購入し、後から気づいたらすぐ返品したくなる。だから**あえて欠点を事前に共有することは大切**だ。

これは社内でパートナーを組ませるときやプロジェクトをスタートするときにも有効だ。

僕は取引先との食事会の前に、「事前に欠点を伝えておくからね」と同席する人に伝えておく。すると「お願いします。そのほうがやりやすいです」と言ってくれる。

取引先との食事会は、送り出す社員の働きやすい環境をつくる潤滑剤になっているのだ。

レベニューシェアで仲よくなる方法

ちょっと変わった取引先と仲よくなる方法として、レベニューシェア（Revenue Sharing）がある。

これは複数の企業が互いに協力して事業を行い、結果として得られる収益（Revenue）を分配（Sharing）するしくみだ。

現在、僕らはフォロワー150万人のあるYouTuberとレベニューシェアしている。

最初は取引先として一緒にやろうと考えていたが、先方が僕らの活動にほれてくれ、「森さんたちと一緒にやりたい。一蓮托生でやりたい」と言ってくれた。

そこで新たに会社をつくってレベニューシェアすることにした。

僕らの会社規模のほうが大きかったので、僕らが65%、先方が35%のレベニューシェアでスタートしたが、先方はフォロワー150万人もいるのでかなり影響力がある。

たとえば、ファンと旅行に行く企画を一人30万円で募集したところ100人の応募があり、3000万円の売上になった。

このYouTuberとは取引を超え、「仲間としてずっと一緒にやろう」を法律上契約するイメージで、互いに「結婚しましょう」に近い感じだ。

また、僕らはアドナップ（ADNAP）という会社もレベニューシェアで立ち上げた。アドナップは下から読むとパンダ。中国でのネットワークをたくさん持っていて、フジテレビ、アーバンリサーチ、エイベックスなどの中国でのPRを請け負いつつ、日本映画を中国に持って行く業務を行っている。

僕らは日本のYouTuberを中国に紹介するビジネスを運営し、取引先が50％、僕たちが50％のレベニューシェアを行っている。

僕らがYouTuberをヘッドハンティングし、アドナップにトスアップすると中国語の翻訳をつけて公開してくれる。日本のYouTuberは何もしなくていい。すでにある動画コンテンツに中国語翻訳をつけてもらい、ビリビリ（bilibili）、ドウユウ（DouYu）などの中国版YouTubeで流れるようになる。この場合は30％がアドナップ、70％がYouTuberの収入となる。

2 取引先との関係をつくる

僕らの秘密兵器「取引先を仲間にする専門役員」の仕事

取引先との関係づくりは重要だ。

ありがたいことに、僕らは優良で規模の大きな取引先とつながっている。

実はフィディアにはCRO（最高リレーションシップ責任者）という**取引先との関係づくりを専門に行う役員**がいる。前述した橋本雄一だ。

橋本は**全事業の営業を担う大黒柱**だ。通常は平日18時、21時の2回、会食を入れている。その後、2次会、3次会に突入することもある。健康管理のためにフィットネスジムに行っているので、プロレスラー顔負けの大胸筋の持ち主だ。

11事業のクライアントの多くは橋本が取ってきたものだ。

大手人材会社が僕らのコンサル事業に依頼してくれたのも、橋本が先方の役員と定期的に食事会をしていたからだ。

「うちのコンサルはデロイト出身の一線級人材でした。デロイトに頼んだら総額3000万円くらいかかりますが、うちなら半額でやりますよ」と熱心に話し、通常では考えられない契約を取ってきた。

また人材事業（エヴァンド）でも大口のコールセンター業務などの依頼を獲得している。役員はみんな営業がうまいが、橋本にはかなわない。

橋本は元々石田とともに人材事業の立ち上げメンバーだったが、その後CROとなり、**取引先を仲間にする専門役員**になってもらった。**コミュニケーション専門の役員**を置く会社は非常に珍しいと思う。

だが、これからの時代、CROの役割が本当に重要となってくる。

世界のトヨタに結婚式の挨拶専門の役員がいる

CROをつくろうと思ったきっかけは、トヨタ自動車にある。

なんと世界のトヨタには、**結婚式の挨拶専門の役員**がいるというのだ。

その担当者は一年中、トヨタに勤める社員の結婚式の挨拶だけを行っている。結婚する社員のデータを調べ、具体的に本人の仕事ぶりをほめながらスピーチしてくれる。

結婚式の参列者はトヨタの役員がスピーチしてくれたことに感激し、トヨタ車の購入につながるという。

「それしかやらない役員って確かにありだな」と思い、僕らの会社ではCROが生まれた。

橋本は気持ちのいい人間で絶対にウソをつかない。

役員会後の飲み会でも、飲みすぎて失敗した話や、先に酔っ払ってしまい超大物を怒らせた話などを包み隠さず報告してくる。それが逆にカッコいい。しかも一度大ゲンカした相手でも、何回も謝りに行って関係を修復してくる。この男の人間力にはなかなかかなわない。

橋本は**取引先同士を仲間にする仕事**もしている。

「イキのいい若手経営者がいるんですけど、紹介していいですか」と、大企業の社長とスタートアップの社長との食事会を開催した。

スタートアップの社長からは大企業の社長と飲みに行けたことに感謝されるし、大企業の社長からは勢いのあるスタートアップの話を聞けたのは面白かったし投資対象になったと大いに感謝されている。

どうしても仲よくなりたい人を口説く「吊り橋効果」作戦

年一社くらいの割合で、どうしてもこの会社と仲よくなりたい、取引できれば事業の風向きが変わるという会社が現れる。

そんなとき、僕らはキーパーソンと旅行に行く。

ゴルフ、麻雀、飲み会などは仲よくなる基本だが、ここ一番では旅行だ。

温泉に入り、食事しながらいろいろ話すと一気に距離が近くなる。

旅行は取引開始のパスポートで、旅行の日付が決まった瞬間、取引口座が開くくらいの価値があると思っている。

だいたい国内1泊2日の旅行が多い。先方の社長や役員、こちらは僕と役員など合計6人くらいで行く。

僕らが計画を立て、宿やレンタカーを手配する。途中で急流下り、パラグライダー、バナナボードなど、あえて**ドキドキするアトラクション**を入れる。

スノーボードでいきなり上級者コースに行ったこともある。これはドキドキを共有すると一緒にいる人との距離が近くなる「**吊り橋効果**」を狙ったものだ。

旅行をきっかけに、「これで一緒に仕事しないはないですよ」と相手から言ってくれ、長いつき合いになったこともある。

重要な取引先こそ絶対「割り勘」にせよ

ゴルフ、麻雀、ポーカーなど取引先と一緒に遊ぶこともある。

こうした遊びのメリットは接点が長いこと。4、5時間、一緒にすごすと仲よくなる。

ただし遊びにも手を抜いたりしない。

「手加減しませんよ。だって僕ら友達じゃないですか」とわざと言いながらプレーする。

遊び代もおごらない。フットサルだったら施設代を全員で割り勘にし、ボウリングなら靴代もゲーム代も個人で出してもらう。

重要な取引先こそ絶対に割り勘にする。

おごってしまったらもう友達ではない。

もう一つお勧めなのがサウナだ。

サウナに入って、水風呂に入ってを繰り返すと、1、2時間は一緒にいられる。

サウナに行ってから食事に行ってもいい。

関係性を深めるには、リアルな空間で一緒に楽しむこと。子ども同士が仲よくなるのと同じだ。

定例食事会が会社の危機を救った話

人間関係を築くうえで食事会は最強だ。

食事会を2、3回繰り返し、中長期的につき合いたい人とは定例で食事をすることにしている。おもいきって「偶数月の第3金曜にしよう」などと決めてしまうのがいい。

定例食事会をやっている会社とは信頼関係が深まり、取引が増え、長いつき合いになる。

また、何かあったときに助けてくれることも多い。

以前、人材事業（エヴァンド）でクライアントが派遣社員を500人から300人に削減することになった。派遣会社を10社使っているから均等割したら20人ずつの削減になる。そのとき、先方から電話があった。

「エヴァンドさんも協力してもらえますか」

「僕たちは正社員派遣で20人の削減は厳しいので、5人までにしてもらえませんか」

「わかりました。エヴァンドさんは5人でなんとかします」

と僕らの要求をのんでくれた。

もちろん、先方は僕らの売上貢献度を評価してくれているし、正社員派遣だから質がいいという面もあるが、関係性が深いこともある。この会社とも継続的に食事会をしていた。

やはり効くのは定例食事会だ。

この効果に気づいてから、中長期的に大きな売上が発生する取引先との定例食事会は、重要度を上げてスケジュールに組み込んでいる。

最初はビジネスとしてのつき合いが始まるが、定例食事会を通して徐々に本当の友達になっていくのだ。

一生頭が上がらない出来事

第1章で化粧品開発の話をした（48ページ）が、僕らのような素人集団がこれまでにないオーガニックのクレンジングクリームをつくろうというのだから本当に大変だった。

いくつもの工場に連絡したが、あまりにロットが少なく相手にされなかった。

大手メーカーが依頼している工場では「最低10万ロットから」と言われた。

断られ続けて疲弊し、もう無理かと思ったとき、ある化粧品工場が「小ロットからやってみようか」と商品開発に協力してくれた。

僕らはクレンジングクリームの成分にこだわり、今度こそ怒られるんじゃないかと思うくらい何度もテストを繰り返したが、化粧品工場の人たちは黙ってテストにつき合ってくれた。

回数を重ねるうち、先方の研究員も、

「いいものをつくりたいという気持ちが伝わりました」

「ここまできて妥協したくないですよね。最高のものをつくりましょう」と言ってくれ、「こんなにおいを見つけたんですけど、どう思いますか?」と17、18回目には自主的に成分を調整してくれた。

20回目でついに思いどおりのクリームができたときは全員で感動した。

その間、化粧品工場の社長や役員の方々と何回もごはんに行った。

「君たちの情熱にほれたわ」

「大手でもここまでこだわらないよ。商品に期待しているよ」

と、社長や役員たちの心を動かした「オルナ　オーガニック」のクレンジングクリームは**その化粧品工場で一番売れる商品**になった。

今でも取引は続いているし、定期的に食事会を行っている。

実は、化粧品工場にはピンチを救ってもらったことがある。

アマゾンのセールの際、ある商品を20%オフにするとアマゾン売上1位になったが、信じられないくらい売れ、もうすぐ在庫が切れることがわかった。

僕と西で化粧品工場の社長に会いに行って増産をお願いすると、多方面に調整を行い、在庫の仕入れから容器への充填まで昼夜問わず休日も使って増産してくれた。せっかくのチャンスを逃さないようにと、取引先が全社員一丸となって協力してくれたのだ。

一生頭が上がらない出来事だった。

仲間にとって重要なのは日々の積み重ねだろう。

いかに真摯に接して感謝を伝え、定期的にコミュニケーションを取れるか。

それがあったからこそ、ピンチのときに助けてもらえたのだと思う。

早く動いた会社、関係性の強い会社ほど強い

コロナ禍になった頃、人材事業の売上の3割を占めるクライアント企業が「派遣をやめたがっている」という情報が入った。

そこですぐに役員の人に会いに行った。

その人とも定期的な食事会をしていた。

「僕らは正社員派遣なので、全員の雇用を止められてしまうとしんどいです。コロナが明けた後には、人が足りない状態になるでしょう。ですから雇用を止めるのをやめてください」

と熱弁した。

結果、大手一社に関しては、ほぼ全員の雇用を続けてくれた。

もう一社は仕事がないから雇用はストップするけれど、その代わり給料は満額払うという。

どの派遣会社も同様のお願いに行ったと思うが、早く動いたところ、関係性の強いところほど対応してくれたのではないだろうか。

後から僕らに満額の給料で対応してくれた会社が、他社には6割対応だったと聞いた。

お笑い芸人だけのサッカーチーム

最後に、お笑い芸人だけのサッカーチーム「スマイラーズ（SMILERS）」の話をしよう。

僕らはYouTube事業で「たむけん監督率いるサッカー芸人オールスターチーム」の動画を2022年12月から週2回ペースで配信している。

お笑いとサッカーの楽しさを伝えるために、様々なチャレンジ企画や芸人とのコラボ企画をやっているのだ。

芸人のたむけんさんがサッカーチームの監督をやってくれている。代理監督は次長課長の河本準一《こうもとじゅんいち》さんだ。

サッカー芸人は吉本興業、松竹、ワタナベエンターテインメント、ホリプロコム、浅井企画など10事務所からギャラなしで出演してくれている。

一般的には、撮影した映像の使用期間は「2年限定」などと約束し、それ以降は削除するか、追加のギャラが必要になる。

ところが、今回は特例で全事務所が著作権フリーにしてくれた。

たむけんさんの「若手が売れるチャンスをつくる」という想いに共感してくれたからだ。

たむけんさんに、サッカーチームの話を持っていったときも、「若手の売れるチャンスをつくるなら著作権フリーでえぇよ」

「大阪の若手を入れると交通費が高くなるかもしれんけど、俺のギャラを削っていいので大阪の芸人にもチャンスをあげてほしい」と言ってくれた。

たむけんさんの目的は「後輩のチャンスメイク」の一点だ。

芸能事務所に参加の依頼に行くと、「たむけんさんがそんな想いで引っ張ってくれるなら、うちの若手もぜひ参加させてください」と10の事務所、１２０人の芸人さんがオーディションに応募してくれた。

さらにコーチには、元日本代表の坪井《つぼい》慶介《けいすけ》さんが入ってくれている。たむけんさんを中心としたサッカーチームを見ていると、やはり仲間はビジョンや想いで集まるのだと思う。

僕らの役員は年収が下がってもフィディアに集まってきたように、仲間は仲間に惹かれ集まってくる。

仲間と一緒にそこで輝くことが最大の対価なのだ。

おわりに

最後まで読んでいただき、ありがとうございました。

芸人とは「芸に造詣が深く、多芸な人」だという。
僕は昔、お笑い芸人だった。
だが、圧倒的な実力の差を見せつけられ、志半ばで引退した。
現在は「スタートアップ芸人」として仲間とワクワクする事業を生み出し続けている。
これからもスクラップ・アンド・ビルドの精神でやっていくだろう。

この本では、貯金0円、高卒、4年間ニート、いわゆる社会的弱者の僕が、「仲間力」で年商146億円企業を経営しているノウハウを赤裸々に書いたつもりだ。

現在苦しい境遇にいる人たちの燈《ともしび》になり、即効性のあるノウハウをすぐに使ってもらえたら嬉しい。

現在、僕らの11事業はすべて黒字化されている。

2029年度には年商1000億円にするつもりだ。

本書のノウハウはどんな事業でも再現性がある。


あるとき、役員の西にこんなことを言われた。

「昔の森はどちらかというと、自分でなんでもやるタイプだった。でも、あるときから人に任せるようになった」

確かにそうだ。

昔の僕は学歴はないけれど、多少の頭のよさと超長時間労働でなんとかなった。

会社をつくってしばらくの間も自分で何もかもやっていた。

社長の能力が社内で一番高く、社長がバリバリ仕事をしているのが会社のあるべき姿だと思っていた。

でも、**それは大いなる誤解**だった。
西が入社した後、西のマネジメント能力に圧倒された。
もうマネジメントは自分の仕事ではない、そう思わされた。

僕は元々営業に自信があった。
だが、橋本は信じられないくらいの営業マンだった。
どんどん人の懐に飛び込み、取引先にマメに連絡してかわいがられる。
これは絶対かなわない。営業は橋本に一任しようと悟った。

中川は僕に足りないものをすべて持っていた。
僕が夢を語ると、それを着実にカタチにしてくれた。
業務の推進は中川に任せようと思った。

中嶋は経理財務について僕よりはるかに能力が高く比べようもなかった。
石田、菅、高橋、僕はキーパーソンが入社するたびに負けを認めてきた。

これはいいことだ。


創業時には社長が全分野で戦闘力が高い。

でも、どんどん組織が大きくなっているのにそのままではいけない。

社長の役割は、自分より高い能力を持つ仲間を集めること。

ある分野で突出した人材を採用やヘッドハンティングで集める。

その分野はあなたにはかなわないと負けを認めて信じて任せる。

社長に必要なのは**「仲間に任せる力」**なのだ。


そして、すべて任せても最後の責任は社長が持つ。


中川があるとき、こう言った。

「森さんは尻拭いできる覚悟を持っている」

社長が逃げたら元も子もない。

時にはとんでもない失敗を経験することもあるが、最終責任を取るのが僕の仕事だ。

「しゃあないな」と言いながら、失敗した社員の地位と名誉を守る。
仲間たちは僕が責任を取る姿をしっかり見て、「次は挽回するぞ」と肝に銘じる。

僕たちはこれからも「**仲間力**」で成長していく。
本気で1兆円企業を目指して歩んでいく。
そのための準備はできたつもりだ。
やるからには天下を取るんじゃ。
さあ、ワクワクを創ろう。

森 武司

［著者］
森 武司（Takeshi Mori）
FIDIA（フィディア）株式会社代表取締役CEO
Financial Times「アジア太平洋地域急成長企業ランキング 未上場日本一」、「ベストベンチャー100」受賞、経済産業省選定「地域未来牽引企業」。創業以来18年連続増収増益。1977年、大阪生まれ。高校卒業後、NSC（吉本総合芸能学院）入学。４年間お笑い芸人として活動し、吉本若手の大会決勝で野性爆弾と戦うも30対0の大敗北で引退。ショックを受け、そのまま４年間ニートとなる。高校時代の仲間、芸人時代の仲間の激励で一念発起。家電量販店の販売員を経て、2005年、幼稚園から小中高と幼なじみで25年来の友達とわくわくエッサ有限会社を設立。貯金０円、高卒、４年間ニート生活、28歳まで実家暮らしなど、いわゆる「社会的弱者」から起業し、現在11事業で年商146億円まで伸ばしている。採用基準に「友達になれそうな人」を掲げ、新卒社員を１年で500名以上採用。化粧品、人材、広告、美容クリニック、アート、YouTubeなど関連のない11事業すべてを黒字化させた戦略に注目が集まっている。何も持たない負け組でも、仲間と起業して成功できる「仲間力アップ㊙マニュアル」を再現性のある形で確立。幼稚園から40年来の友達が役員。本書が初の著書。
【FIDIA（フィディア）株式会社】HP
https://fidia.jp/

スタートアップ芸人
――お笑い芸人からニートになった僕が「仲間力」で年商146億円の会社をつくった話

2023年12月５日　第１刷発行

著　者――――――森 武司
発行所――――――ダイヤモンド社
〒150-8409　東京都渋谷区神宮前6-12-17
https://www.diamond.co.jp/
電話／03･5778･7233（編集）　03･5778･7240（販売）
装丁･本文･図表デザイン―吉田考宏
編集協力――――――橋本淳司
本文DTP･図版作成･製作進行―ダイヤモンド・グラフィック社
校正――――――宮川 咲
印刷・製本――――勇進印刷
編集担当――――――寺田庸二

ISBN 978-4-478-11853-5